# 강제개종, 사실과 진실

이단 회심자들의 **고백과 증언 1**

강제개종, 사실과 진실
이단 회심자들의 고백과 증언 1

**발행일** 초판 1쇄 발행 2018년 5월 11일
**편저자** 총신대학교 평생교육원 이단상담학 그루터기 동문모임
**디자인** nghpro@daum.net
**총판** 하늘유통(031-947-7777)
**발행인** 정윤석(unique44@naver.com, 카카오톡 아이디: kportalnews)
**발행처** 기독교포털뉴스(www.kportalnews.co.kr)
**주소** 우 16509, 경기도 수원시 영통구 에듀타운로 101 에듀하임 1309오피스텔 102동 314호
**전화** 010-4879-8651
**가격** 8,000원

「이 도서의 국립중앙도서관 출판예정도서목록(CIP)은 서지정보유통지원시스템
홈페이지(http://seoji.nl.go.kr)와 국가자료공동목록시스템(http://www.nl.go.kr/kolisnet)에서
이용하실 수 있습니다. (CIP제어번호: CIP2018011948)」
ISBN 979-11-950046-8-393230

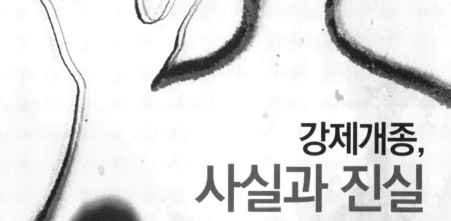

# 강제개종, 사실과 진실

## 이단 회심자들의 고백과 증언 1

편저 총신대
평생교육원 이단상담학
'그루터기'
동/문

기독교포털뉴스 간

| 격려사 | 진용식 교수, 정동섭 교수, 김종한 교수

기독교포털뉴스
www.kportalnews.co.kr

# 정통 복음으로
# 돌아선 사람들의 간증집입니다

| 진용식 교수 |

어떤 사람의 부인이 이단에 빠졌습니다. 수십년 전 죽은 교주를 하나님이라고 믿는 단체였습니다. 남편에게는 아무런 대책이 없었지요. 동네에 있는 교회를 다 찾아다녔습니다. 상황을 설명하자 교회 목사님은 교주의 이름이 생소한 듯"OOO이 누구요?"라고 되물었습니다. 교주 이름도 모르는 사람에게 대책을 구하는 건 말이 안 되는 일이었습니다. 성당을 찾아갔습니다. 신부가 '사랑으로 인내하며 대하시오' 라고 말했습니다.

남편은 사실 5년 정도를 인내하며 참아온 사람이었습니다. 그러나 더 이상 인내할 수 없는 지경이 돼서 여기저기 찾아다닌 것이었습니다. 이 땅에 교회도, 성당도 많은데 아내가 이단에 빠진, 그 남편을 도와줄 사람이 아무도 없었습니다. 아내가 빠진 곳이 왜 이단인지 알려주고, 그곳에서 나오게 하려면 어떻게 해야 하는지 알려주는 사람도, 도와주는 사람도 없었습니다.

기독교는 진리입니다. 이단에 빠진 사람들도 그들이 속았다는 것을 알려 주고 진리가 뭔지 제시해 주면 돌아오게 돼 있습니다. 이단이 가르치는 것을 정확히 알고 말씀에 입각해서 정확하게 변증하면 이단에 빠진 사람도 돌이킬 수 있습니다. 정통 기독교가 이런 사역을 해야 합니다. 이단에 미혹된, 잃은 양들을 사망에서 돌이키는 사역을 해야 합니다.

총신대학교 평생교육원과 목원대학교 목회교육원의 이단상담사 과정은 이런 사역을 하는 사람들을 양성합니다. 저는 이단상담학을 공부하는 모든 분들이 이단 상담사가 되기를 바랍니다. 그동안 한국교회에는 이단 연구분야와 비평 분야에 '인물' 들이 있어왔습니다. 그러나 아직도 부족한 게 있다면 이단에 빠진 사람들을 회심시키는 작업입니다. 이것은 몇 해 전만 해도 한국교회가 불가능하게 생각했던 영역이었습니다. 이단에 빠지면 절대로 못 나온다는 고정관념을 모두 다 갖고 있었습니다. 그러나 그렇지가 않습니다. 저 또한 이단 안식교에서 나온 사람입니다. 정동섭 교수도, 신현욱 목사도, 김경천 목사도 모두 그런 사람들입니다.

이 책에는 가족들의 포기하지 않는 사랑으로 이단에서 정통 복음으로 돌아온 사람들의 이야기가 풍성하게 담겨 있습니다. 이단상담사 과정을 공부한 동문 모임 그루터기가 이단에서 탈퇴한 사람들의 간증집을 엮은 것입니다. 이 간증집을 보고 이단에 빠진 가족을 둔 사람들이 희망과 용기를 가졌으면 좋겠습니다. 그리고 이단상담학을 배우는 학생들은 이단 교주에 빠진 한 사람의 인생을 바른 진리로 돌이키는 일이 얼마나 귀하고 소중한지 다시금 되새겼으면 좋겠습니다. 여전히 길거리에서 '강제개종 금지'를 외치며 돌아다니는 이단단체 신도들이 있습니다. 그들도 머잖은 장래에 가족들의 따스한 품에서 바른 신앙의 소중함에 감사의 눈물을 흘리는 때가 올 것이리 믿습니다. 소중한 간증집을 마련해 준 총신대 평생교육원 이단상담학과 '그루터기' 동문 모임의 노고에 감사드립니다.

진용식 교수
(총신대학교 평생교육원 이단상담학과, 총신대학교 선교대학원, 한국기독교이단상담소협회장)

# 가족이 포기하지 않으면
# 100% 돌아옵니다

🎤 | 정동섭 교수 |

이단 대처와 가정사역은 동전의 앞뒤와 같습니다. 저는 이단대처 세미나를 할 때 늘 디도서 1:11을 본문으로 시작합니다. "그들의 입을 막을 것이라 이런 자들이 더러운 이득을 취하려고 마땅하지 아니한 것을 가르쳐 가정들을 온통 무너뜨리는도다." 이단 교주들이 성경을 억지로 해석해 마땅치 아니한 교리를 가르쳐 가정을 무너뜨린다고 바울은 경고하고 있습니다. 이단의 그릇된 가르침에 세뇌되면 그들의 믿음을 따르지 않는 가족을 이방인으로 취급해 원수시하고, 많은 경우 가출과 이혼으로 이어지게 마련입니다. 이단은 가정파괴세력입니다.

가정 사역과 이단대처 사역을 함께 하는 저에게는 "구원파 출신" 이단전문가라는 꼬리표가 붙어있습니다. 세월호 사건 후에는 구원파 저격수라는 별명이 주어졌습니다. 저는 대학 재학중에 '성경을 통달했다'는 구원파 유병언 씨를 만나 인생상담을 하다가 구원파에 포섭되어 8년 동안 그 집단에 충성하며 젊은 시절을 허송했습니다. 영적 분별력이 없는 저는 "공부도 취직도 모두 헛된 것이니 예수님의 제자들이 그물을 버려두고 그를 좇은 것처럼 당신은 나를 따르라"는 말에 현혹돼 8년간 유병언 씨의 통역비서로 봉사하며 삶의 의미를 찾으려 했습니다. 일주일에 두세 번씩 '성도의 교제'를 핑계 삼아 우리 집은 "모임" 집으로 개방되었습니다. 아내는 심신이 쉴 수 있는 날이 없었고, 무리한 헌금과 교제비 지출로 신혼생활은 크고 작은 갈등으로 편할 날이 없었습니다.

구원파식 '시한부 종말론'에 세뇌돼 "예수님이 올해 오실지도 모르는데 집이

뭐 필요하냐?" 며 아내가 저축에 대해서는 말도 꺼내지 못하게 윽박질렀고, 내 뜻이 관철되지 않으면 화를 냈고, 언성을 높여 아내 위에 군림하려 했습니다. 구원파안에서 생활하는 동안, (함께 구원파에 빠져있던) 아내는 억울하고 분한 감정을 삭이느라 위궤양과 고혈압, 우울증으로 비참한 삶을 이어갔었죠.

이단에 빠지면 가족 간이라도 상호간 대화가 통하지 않습니다. '원수가 너희 집안 식구가 될 것이라'는 성경말씀을 엉뚱하게 가족 관계에 적용하기 때문입니다. 이런 이단에 빠진 신도들을 우리는 종교중독자로 규정할 수 있습니다. 진리를 따르는 게 아니라 거짓된 가르침에 중독된 것입니다. 지금까지 한국 기독교 이단 상담소를 찾아 도움을 요청한 단체는 신천지, JMS, 안상홍 증인회, 구원파, 지방교회 등 다양합니다. 도저히 돌아오지 않을 것 같은 그들이 이단단체에서 나올 수 있었던 건 마음을 열고 듣도록, 옆에서 애쓰고 힘써줬던, 가족들의 포기하지 않는 사랑이 있었기 때문입니다.

진리는 보편타당한 것입니다. 이 책을 읽는 분들은 마음을 열고 초대교회 이후로 성도들도 '나처럼' 믿고 생활했을까? 스스로 자문하면서 열린 마음으로 이 책을 읽어보시기 바랍니다. 나는 이런 질문을 던지며 상담을 받았기 때문에 정통신앙으로 돌아올 수 있었습니다. 이단에 빠졌던 사람들이 과연 정통신앙으로 돌아올 수 있을까요? 돌아올 수 있습니다. 다만 전제가 있습니다. 가족이 포기하지 않는다면 100% 돌아 옵니다.

총신대와 목원대에서 이단상담학을 공부하는 모든 분들이 길을 잃고 방황하는 우리의 어머니, 아버지, 형제, 자매들을 정통 복음으로 돌아오게 하고 가족 관계를 회복시키고 나아가 한국사회를 건강하게 하는데 크게 쓰임 받게 되기를 바랍니다.

'거짓된 복음'에서 돌아와 참된 만족과 평안과 자유를 누리고 있는 정동섭 교수

정동섭 교수
가족관계연구소장, 사이비종교피해대책연맹(종피맹) 총재(Ph.D.)

# 이단상담소에서 당당하게
## 성경을 놓고 토론해 보십시오

🎙 | 김종한 교수 |

혹세무민이란 말이 있습니다. 역사를 보면 사회가 불안정해질 때, 무당이나 사이비가 더 잘 통합니다. 대학을 나와도 미래가 보장되지 않는 불안정한 사회를 사는 청년들을 미혹하기 위해서 종말론은 매우 매력적이라고 할 수 있습니다. 사이비 종말론에 미혹되면 가정, 직장, 학업, 인성이 모두 파괴되고 사회정서를 불안하게 만듭니다. 국가의 최소단위인 가정까지 파괴하고 인성까지 피폐해집니다. 사이비 이단은 사회와 국가에 암적 존재와 같은 것입니다.

저는 지금까지 아내나 자녀가 이단에 빠진 피해자 가정을 정말 많이 만났습니다. 그러면서 가장 놀란 게 있습니다. 그들 모두가 정통교회에 적대감을 갖고 있다는 겁니다. 이단에 빠진 사람들만 교회에 반감을 갖고 있는 게 아니었습니다. 피해자들도 그들 못지않게 교회에 매우 적대적이었습니다. 왜 그런 일이 생길까요? 이단 피해자들이 교회를 부정적으로 보게 된 이유는 '아내와 자녀가 이단에 빠졌는데 교회에 아무리 하소연하고 도움을 요청해도 전혀 도움을 주지 못했다'고 생각하기 때문입니다. 그리고 '가족이 이단에 빠지기까지 교회는 도대체 무엇을 가르쳤는가?'라는 원망을 하기 때문입니다. 실제적 도움은 고사하고 교리적인 방어도 제대로 못하는 교회의 무책임함에 실망한 것입니다.

그런 경험을 한 이후로 저는 '이단대처 사역이 목회의 본질'이라는 마음을 굳히게 됐습니다. 목회가 뭘까요? 갈 길을 몰라 방황하는 사람들에게 참 진리를 제시하고 바른길로 인도해서 영원한 본향에 이르게 하는 것입니다. 저는 이단상담

사역은 그에 가장 근접한 사역이라고 확신합니다. 변증을 통하여 이단에서 회심시키는 사역은 이단의 피해를 막고 가정을 보호하며 주님의 교회와 진리를 수호하는 매우 중요한 사역입니다.

이 중차대한 사역이 최근 큰 도전에 직면했습니다. 사이비이단 신천지 신도들이 강제개종피해자연대라는 단체를 만들어 이단상담 사역을 '강제개종'이라며 공격하는 상황입니다. 그들은 아파트 우편함에 강제개종으로 사람이 죽었다는 전단지를 뿌립니다. 그뿐 아니라 광장으로 몰려 나와 연인원 수십만 명에 이르는 사람들이 '강제개종으로 사람이 죽었다'며 집단시위를 하며 거짓정보로 사회여론몰이와 세력과시를 하고 있습니다. 이러한 때 총신대학교 평생교육원 이단상담학 동문 '그루터기' 모임이 이단에서 회심한 성도들의 간증을 모아 책으로 엮었다니 참으로 감사한 마음입니다.

대통령도 불법을 하면 법정에 서는 시대입니다. 목회자가 강제개종을 할 수 있을까요? 이단에 빠진 사람들은 절대로 강제로 개종되지 않습니다. 왜냐하면 그들은 그들 나름대로 자신들의 신앙에 목숨을 걸고 있기 때문에 강제개종을 한다고 회심할 수 있는 게 아닙니다. 이단상담소가 이단 신도들을 2천여명 이상을 회심시킬 수 있었던 이유는 딘 하나입니다. 그들이 속았다는 길 성경과 이딘들의 자료들을 통해 깨우쳐 줄 수 있기 때문입니다. 이단에 빠져 있는 사람들에게 제안하고 싶습니다. 어떤 이단에 빠진 신도도 좋습니다. 강제개종금지라는 구호 뒤에 숨지 말고, 마음을 열고 이단상담소에 와서 당당하게 성경을 놓고 토론해 보지 않겠습니까?

김종한 교수
(총신대학교 평생교육원 이단상담학과, 총신대학교 선교대학원, 한국기독교이단상담소협회 부회장)

# 강제개종을 시도하는 건
# 신천지입니다

## | 그루터기 |

꽃다운 27살, 젊은 여성이 2018년 1월 9일 죽음을 맞았습니다. 진심으로 그녀의 죽음을 애도합니다. 아직 어린 대학생 시절, 신천지에 5년 동안 빠져종교 활동에 몰두했던 자녀와 이를 좌시할 수 없었던 부모가 첨예하게 갈등하다가, 전남의 한 펜션에서 자녀가 사망하는 가슴 아픈 사건이 발생했습니다.

그런데도 신천지측은 한 여성의 죽음을 빌미로 책임 소재가 불분명한 익명의'살인마 강제개종 목사'를 내세우고구속 수사를 촉구하는 중입니다. 그리고 이를 빌미로 CBS 폐쇄와 한기총 해체 등 외부의 적을 만들어 내는 데 혈안이 돼 있습니다.

신천지 신도들이 전국에 배포하고 있는 전단지

영하 5~8도를 오르내리는 2018년 1월 28일, 전국 주요 6개 도시(서울·광주·목포·순천·부산·전주)에서 신천지와 강제개종피해인권연대(강피연)가 일제히 집단 시위를 진행했습니다. 서울 3만5천여명을 비롯해 전국에서 12만명의 인파가 모였을 정도입니다. 참석자들은 대다수가 20~40대의 젊은 층이었고 검은색 옷을 입고 흰 국화를 달고 '삼가 고인의 명복을 빕니다'라는 띠를 달기도 했지만 결국 그들의 요구는 구 씨의 죽음을 애도하기보다 사뭇 다른 대상을 향했습니다. '살인마 강제개종목사 구속', 'CBS 폐쇄', '한기총 해체'가 그것입니다.

이들은 지금도 '살인마 강제개종 목사들을 고발합니다'라는 전단지를 아파트 우편함을 비롯하여 전국 방방곡곡에 뿌리며 혐오를 부추기고 있습니다. 신천지 교인들, 그들은 도대체 왜 이렇게 광장으로 나온 걸까요? 그 본질적 이유는 다음과 같습니다. 신천지측은 작년 11월부터 만민의 어머니, 영적 배필이라며 이만희 교주와 내연관계에 있었던 김남희 압구정 신학원 원장을 배도자로 만들었습니다. 그후 내부적 혼란을 겪고 있는 중이었죠. 그런데 그 와중에 신천지 신도인 A 씨가 사망한 겁니다. 내부의 해소되지 않는 불만을 외부로 표출해서 해소하기 적당한 사건이 벌어진 셈입니다. 거기에 그들은 응축된 불만의 에너지를 폭발시키고 있는 것입니다.

사망한 A 씨는 그들이 배포한 전단지에 따르면 이미 사망 1년 6개월 전에 이단 상담을 받은 과거가 있긴 합니다. 신천지측에 따르면 상담을 받은 때는

2016년 7월 23일입니다. 그런데 사망은 2018년 1월, 부모가 함께 있는 상태에서였습니다. 그들 말에 따르더라도 펜션에서 구 씨가 소리를 지르며 나가려는 것을 부모가 다리를 누르고 입을 막아 호흡 곤란으로 질식에 이르렀고 광주 소재 OO병원에서 치료를 받다가 사망한 겁니다. 그런데 살인마 강제개종 목사는 뭔가요? 특정 목회자를 구속수사해서 책임을 지게 할 수 있는 성질의 일이 아님을 신천지측 수뇌부는 이미 잘 알고 있으리라고 봅니다. 그런데도 신천지측은 '강제개종 살인마 목사를 구속수사하라'며 엉뚱한 주장을 하는 데 혈안이 돼 있습니다.

총신대학교 평생교육원에서 이단상담학을 공부하는 동문 모임 그루터기는 신천지 측의 이런 행동에 뭔가 답할 필요성을 느끼게 됐습니다. 이단상담소는 철저하게 가족의 보살핌 가운데 이단 상담에 합의한 사람을 상대로 상담에 임하며 결코 개종을 강요하는 곳이 아니라는 것을 보여 주고 싶었습니다. 그리고 강제개종교육은 오히려 신천지가 한다는 것을 보여 주고 알려주고 싶었습니다. 그 이유는 다음과 같습니다. 신천지 신도들은 자신들이 신천지임을 밝히지 않고 철저하게 각본을 짜서 사기적 방법으로 포교를 합니다. 신천지는 본인 스스로 의사를 결정해야 하는 민주주의 국가에서, 신도들에게 연기·거짓말을 시키며 직장을 그만두게 만들고 가족관계를 단절시킵니다. 신천지는 허황한 종말론으로, 14만 4천명만 채워지면 이 땅에서 왕노릇을 한다며 청년들을 허황된 꿈을 꾸는 종교 중독자로 만듭니다. 이런 신천지가 대한민국 시민을 상대로 강제개종을 한다고 해야지, 누가 강제개종을 한다는 겁니까? 이 간증 모음집에는 그들의 사기적 접근법에 실제 당한 사람들의 경험이 나옵니다. 속임수를 통해 사람들의 자유로운 종교 선택권을 박탈하기 때문에 신천지는 종교의 자유를 억압하는 행위를 하고 있는 겁니다. 그 결과는 올해 88세 된 이만희 교주를 이 시대의 구원자, 이긴자, 철장을 받은 아이, 책을 받아먹은 자, 사도요한격 목자, 어린양으로 믿는 것으로 나타납니다.

신천지 외에도 이 책에는 안상홍 증인회(일명 하나님의 교회), JMS에서 회심한 사람의 간증도 수록했습니다. 아무쪼록 이 책자를 통해 많은 시민들이 강제개종의 실상을 알고 가족의 소중함과 정통 복음의 가치를 깨닫는 계기가 됐으면 좋겠습니다.

'그루터기'
(총신대학교 평생교육원 이단상담학과 동문 모임)

평생토록 이단에 빠져서 사탄의 종노릇 할 뻔했던 저를 수렁에서 건져 주신 것도 감사한데, 이보다 더 감사한 것은 반증 교육 후에 구원론을 들으면서 예수님이 나의 유일한 구원자이시고, 주인이시라는 것을 마음 속 깊이 깨닫고 구원의 확신을 갖는 거듭남의 경험을 주셨다는 것입니다. 구원론 1단계 2강 의인이 되는 길을 두 번째로 반복해서 듣던 중, "하나님이 죄를 알지도 못하신 이를 우리를 대신하여 죄로 삼으신 것은 우리로 하여금 그 안에서 하나님의 의가 되게 하려하심이라"(고린도후서 5장 21절)는 말씀이 눈에 들어왔습니다.

# 1장

# 신천지의 거짓 교리를
# 깨달았습니다

• • •

# 신천지의 거짓 교리를
# 깨달았습니다

### 김효은
가명 / 신천지 탈퇴

"모든 상황과 저의 정보를 알고 있는 신천지 신도인 친구가 성경공부를 통한 심리치유 상담을 권했습니다. 저는 친구의 말을 듣고 의심하기 보다는 저에게 꼭 필요한 것이라 느꼈습니다. 그래서 의심하지 않고 상담사를 소개 받았고 심리치유상담을 받기 시작했습니다.

하지만 제가 만난 상담사는 신천지 12지파 중에서도 전도 잘하기로 소문난 시몬지파 전도특공대 대원이었습니다. 그렇게 1대1 성경공부를 시작하여 특전대가 관리하는 그룹 복음방(신천지 신학원에 들어가기 전 단계에 진행하는 성경공부)으로 옮겨졌습니다. 이곳에서 교수를 사칭하는 전도특공대 대장 밑에서 신천지 핵심 교리를 속성으로 듣기 시작했습니다."

신천지 행사에서 공연 중인 신도들

간증을 할 수 있도록 허락해주신 하나님께 감사드립니다. 저는 이단 신천지에 빠졌다가 상담을 통해서 구원의 확신을 경험하게 된 이야기를 하려고 합니다. 저는 초등학교 4학년 때부터 판소리를 배우기 시작해서 대학교에서도 판소리를 전공했습니다. 대학 졸업 후에는 유치원 교사와 국악방송 연주단원으로 활동했습니다. 그러던 중 대학 4년간 친하게 지냈던 동아리 친구가 심리 상담을 권유하며 저를 신천지로 미혹하기 시작했습니다.

저는 어릴 때부터 경쟁사회에서 살아남기 위해 끊임없이 어른들의 눈치를 보아야했습니다. 그런 생활을 오래하다 보니 인간관계에 대한 상처를 많이 받아 왔기에 신앙으로 안정감을 갖고 싶어했습니다. 또한 넉넉지 않은 집안형편에도 아낌없이 지원을 해주시는 부모님의 기대에 보답해드려야 한다는 부담감에 힘들어 하고 있을 때였습니다. 이러한 모든 상황과 저의 정보를 알고 있는 신천지 신도인 친구가 성경공부를 통한 심리치유상담을 권했습니다. 저는 친구의 말을 듣고 의심하기 보다는 저에게 꼭 필요한 것이라 느꼈습니다. 그래서 의심하지 않고 상담사를 소개 받았고 심리치유상담을 받기 시작했습니다.

하지만 제가 만난 상담사는 신천지 12지파 중에서도 전도 잘하기로 소문난 시몬지파 전도특공대 대원이었습니다. 그렇게 1대1 성경공부를 시작하여 특전대가 관리하는 그룹 복음방(신천지 신학원에 들어가기 전 단계에 진행하는 성경공부)으로 옮겨졌습니다. 이곳에서 교수를 사칭하는 전도특공대 대장 밑에서 신천지 핵심 교리를 속성으로 듣기 시작했습니다. 아주 어렸을 때, 엄마를 따라서 잠깐 교회를 다녔지만 저는 불신자와 마찬가지였던 사람입니다. 정통교회의 기본교리를 전혀 몰랐기 때문에 저는 분별력이 없었습니다. 신천지 교리는 마른 스펀지에 물이 빨려 들 듯 제 머릿속으로 그대로 흡수됐습니다. 그렇게 그룹 복음방으로 옮긴 지 2주 만에 저는 가치관이 완전히 뒤바뀌게 됩니다. △한국에 성경대로 이루어진 나라가있다 △그곳이 바로 신천지다 △신천지를 만든 이 시대의 구원자가 이만희 총회장이다 라는 것이었습니다. 이 내용을 저는 밤을 새워가면서 교육받았고 결국 세뇌를 당하게 됩니다. 머릿속에 박힐 때까지 신천지에서

만든 영상을 보았고 입막음교리(성경 공부하는 걸 그 누구에게도 비밀로 하는 교리)와 거짓말 교리(거짓말로도 하나님께 영광이 된다는 교리)에 넘어가서 특전대원이 짜주는 거짓말대로 부모님과 사람들에게 양심의 가책 없이 거짓말과 연기를 했습니다. 하던 일을 모두 그만뒀고 잘 지내던 남자친구와도 헤어졌습니다. 저의 모든 생활은 신천지를 중심으로 돌아가기 시작했습니다.

8개월 동안 제가 신천지에서 한 일은 거짓 그리스도인 이만희 교주를 구원자로 믿고 교주만을 위해서 제 행위로 구원받으려고 죽을 만큼 일한 것밖에 없었습니다. 내가 먼저 나라와 제사장이 되면 우리 가족 모두 구원받게 할 수 있다는 생각에 빠져서 밤낮 잠도 안자고 잘 먹지도 못하고 무슨 일이든 가리지 않고 로봇처럼 일했습니다. 제가 가지고 있는 재능을 가지고 신천지를 찬양했고, 문화공연을 가장한 신천지 행사마다 불려가서 노래를 불렀습니다. 그 때는 가족보 다 신천지 사람들이 더 좋았습니다. 신앙이 흔들리고 고난과 핍박이 오면 더 똘똘 뭉쳐서 서로 챙기는 것이 진정한 사랑인 것처럼 느껴졌습니다. 하지만 그것은 결국 행위로 구원받기 위한, 포교 실적을 쌓기 위한 사탄의 종의 모습이었고 의의 일꾼인 것처럼 가장한 것이었습니다. 그렇게 저는 어느새 미혹의 영이 세뇌시킨 교리에 빠져 교만한 사탄의 종이 되어 있었습니다.

그러나 하나님께서는 이렇게 이단에 빠져 하나님이 가장 싫어하시는, 인간 교주를 재림주로 믿는 우상숭배의 죄를 지었음에도 불구하고 저를 그냥 내버려

두지 않으셨습니다. 저는 부모님의 설득으로 이단상담소에 오게 되었습니다. 저는 이단상담소에서 상담을 받으면 영이 죽는다는 말도 안 되는 교리에 속아 있던 상태였습니다. 이단 상담을 받은 지 3일째까지도 마음을 열지 않았습니다. 저는 성경을 믿는 것이 아니라, 신천지 교리를 믿는 광신도가 되어 있었고, 하나님이 아닌 교주를 생각하며 기도하였습니다. 하지만 사도행전 4장 12절 "다른 이로써는 구원을 얻을 수 없나니 천하사람 중에 구원을 얻을만한 다른 이름을 우리에게 주신 일이 없음이라"고 말씀하신 것 같이, 예수님 외에는 그 누구도 구원을 이룰 자가 없음을 성령님께서 깨닫게 하셨고, 굳은 마음을 제거하고 부드러운 마음을 주셔서 닫혀있던 마음이 서서히 열리기 시작했습니다.

반증교육을 들으며, 거짓말을 해도 죄가 되지 않는다는 교리가 성경적으로 잘못되었다는 것부터 깨달아졌습니다. 나와 영이 다르다고 생각했던 이단상담 강사의 겸손한 태도와 달리, 진리의 영을 믿고 따른다는 저의 교만한 모습을 보게 됐습니다. 목사님의 반증교육을 통해서 하나부터 열까지 신천지의 교리가 잘못되었을 뿐만 아니라, 이만희 교주는 영혼을 가지고 장난친다는 것을 깨닫게 되었습니다. 신천지를 탈퇴하고 보니, 새 하늘 새 땅으로 여겼던 신천지, 그곳이 바로 지옥이었습니다.

평생토록 이단에 빠져서 사탄의 종노릇 할 뻔했던 저를 수렁에서 건져 주신 것도 감사한데, 이보다 더 감사한 것은 반증교육 후에 구원론을 들으면서 예수님이 나의 유일한 구원자이시고, 주인이시라는 것을 마음 속 깊이 깨닫고 구원의 확신을 갖는 거듭남의 경험을 주셨다는 것입니다. 구원론 1단계 2강 의인이 되는 길을 두 번째로 반복해서 듣던 중, "하나님이 죄를 알지도 못하신 이를 우리를 대신하여 죄로 삼으신 것은 우리로 하여금 그 안에서 하나님의 의가 되게 하려하심이라"(고린도후서 5장 21절)는 말씀이 눈에 들어왔습니다.

이 말씀을 통해 하나님께서 죄와 허물로 죽을 수밖에 없는 죄인인 나를 위해 죄가 없으신, 죄를 알지도 못하신 근본 하나님의 본체이신 예수님을 사람의 모양으로 보내셔서 내 죄를 대신 짊어지시고 영원히 단번에 속죄해 주셨다는 말씀을 믿게 됐습니다. 로마서 3장 24절 말씀처럼 내가 하나님의 은혜로 값없이 의롭다 하심을 얻은 자가 되었다는 그 사실이 마음속 깊이 감사함으로 받아들여졌습니다. 저를 구원하신 것도, 그러한 믿음을 가질 수 있게 해주신 것도 오직 하나님의 은혜였습니다.

신천지의 거짓됨을 깨달았어도 구원론을 듣기 전에는 눈앞이 캄캄했습니다. 텅 빈 마음을 그 어떤 것으로도 채울 수 없을 것이라 생각했고, 왜 내게 이런 시련과 고통이 생겼는지 하나님을 원망하는 마음이 너무나도 컸지만, 구원론을 통해 진리의 말씀을 들으면서 구원은 100% 삼위 하나님께서 행하신다는 것을 깨달았고, 한번 받은 구원은 절대 취소되지 않는다는 것을 확신하게 되었습니다. 로마서 8장 38-39절 "내가 확신하노니 사망이나 생명이나 천사들이나 권세자들이나 현재 일이나 장래 일이나 능력이나 높음이나 깊음이나 다른 어떤 피조물이라도 우리를 우리 주 그리스도 예수 안에 있는 하나님의 사랑에서 끊을 수 없으리라"고 하신 말씀처럼 예수님의 십자가의 구속을 통한 하나님의 사랑을 깨닫고 확인하고 체험할 수 있게 해주신 것에 대한 감사함이 제 온 마음을 채워나가기 시작했습니다. 이제는 내가 무엇을 하더라도 주님만 믿고 의지하고 나아간다면 두려울 것이 없다는 생각이 들었습니다. 구원의 확신을 얻고 나서도 여전히 우리는 연약해서 흔들리지만 이제는 땅의 것에 얽매이지 않고 예수님께서 성경대로 죽으시고 부활하신 것처럼 예수님이 재림하실 때, 얻게 될 영화로운 부활의 소망을 가지고 살아가야겠다는 믿음이 더욱 커지기 시작했습니다.

또 감사한 것은 복음을 들을 수 있는 기회를 부모님께도 함께 허락하셔서 우리 가족 모두가 말씀 위에 바로 서는 믿음의 가정이 되게 하신 겁니다. 결과적으로 하나님께서는 우리 가족을 회복하시기 위하여 창세전에 구원을 계획하시고 예수님과 연합되게 하시고 하나님의 자녀된 우리를 성령님을 통하여 늘 지켜주고 계셨던 것입니다. 정말 하나님의 놀라우신 사랑과 은혜에 다시 한 번 감사드립니다.

앞으로 저는 꼭 하고 싶은 일이 생겼습니다. 말씀을 잘 분별할 수 있는 힘을 더욱 길러서 저의 가진 은사로 많은 영혼을 구원하는 일에 쓰임 받는 하나님 앞에 부끄러운 것 없는 일꾼이 되는 것입니다. 내게 능력 주시는 자 안에서 내가 모든 것을 할 수 있다는 말씀을 잊지 않고 이전 일을 기억하지 말며 옛날 일을 생각하지 말고 하나님께서 행하실 새 일만 바라보며 앞으로의 모든 계획을 주님께 맡겨드리기를 기도하며 나아가겠습니다.

그동안 제가 회심할 수 있도록 기도해주시고 상담해주신 진용식 목사님과 이단상담소 강사님들께 감사드리고, 무엇보다 못난 딸이지만 인내와 사랑으로 끝까지 품어주신 부모님께 정말 감사드립니다.

신천지 교리의 문제점을 들으면 들을수록 제 마음의 벽이 사르르 녹아들고 말았습니다. 절대로 무너지지 않을 것 같았던 신천지 교리가 하나 둘씩 무너져 내리자 그토록 '당당하게 이기고 돌아가자'던 저는 정말 쥐구멍에라도 숨고 싶었습니다. '지금까지 내가 했던 것은 과연 무엇을 위한 거란 말인가? 그럼 거기 있는 모든 사람들이 이만희 교주에게 속고 있었단 말인가!' 상담을 받은 후에는 잠자기조차 힘들었습니다. 내가 신천지에 있는 동안 나를 가르쳤던 강사, 전도사 등 신천지 식구들의 얼굴이 하나씩 주마등처럼 지나갔습니다. 그리고 지금까지 하나님께 배도를 하고 있었다는 사실에 정말 큰 죄를 지었다는 것을 깨달았습니다.

2장

신천지의 허구가 하나 둘씩
무너졌습니다

• • •

# 신천지의 허구가 하나 둘씩 무너졌습니다

김정민

가명 / 신천지 탈퇴

"제가 신천지 신앙을 굳게 지키면 저 때문에 가족까지 구원을 얻을 수 있다고 배웠기 때문입니다. 제가 신천지 신앙을 버리면 가족들이 구원받을 기회까지 박탈당하기 때문입니다. 이런 생각 때문에 저는 어처구니없게 밤마다 하나님께 신천지에 대한 믿음이 흔들리지 않게 도와 달라고 기도했습니다. 저는 이러한 갈등 속에서 학교를 다니게 되었고 다행히 2학기를 마칠 수가 있었습니다.

방학이 되자 어머니께서 드디어 이단문제 상담을 전문으로 하는 상담소로 가자고 하셨습니다. 그때 저는 정말 깜짝 놀랐습니다. 신천지에서는 이단상담소를 가면 정신병원 강제 입원, 감금, 구타 등을 한다고 매도하였기 때문에 '상담소를 가자'는 말을 들으면 정말 무서웠습니다"

신천지 신도들은 14만 4천이란 숫자가 차면 영생한다고 믿고 있다

저는 1년 5개월이 조금 넘는 시간동안 신천지에서 활동했던 김정민입니다. 신천지에서 14만 4천이라는 제사장의 반열에 들어 영생하면서 살줄만 알았던 참으로 무지한 저는 하나님의 은혜와 사랑으로 이단상담소에서 상담을 받고 다시 하나님께 돌아오게 되었습니다. 이 간증을 통해 지금도 살아계셔서 역사하시는 하나님을 모두 함께 느꼈으면 좋겠습니다.

저는 기독교 집안에서 태어났습니다. 저는 어머니 태속에 있을 때부터 교회에 다니기 시작했습니다. 저는 어렸을 때 교회를 왜 가야 하는지 이유도 정확히 알지 못하고 단순히 천국 가려고, 안 가면 큰일 나는 줄 알고 다녔습니다. 그래도 가족들의 사랑속에서 주일은 빠지지 않고 잘 지키는 어린이였습니다. 고등학교를 다니면서 학업을 핑계로 교회를 다니지 않게 되었습니다. 시간이 흐를수록 저의 신앙은 무뎌져 갔고 세상 친구들이랑 거의 차이가 없을 만큼 되었을 때 하나님께서는 제게 친구를 한명 붙여주셨습니다. 이 친구는 주일 아침이면 어김없이 전화를 하고 찾아오는 수고를 마다하지 않았습니다. 이 친구의 열정에, 꺼져버린 줄만 알았던 저의 신앙에 다시금 불이 붙기 시작했습니다.

그 후 대학교를 타지로 혼자 다니게 되면서 저는 자유를 무한히 누리면서 한 학기를 보냈습니다. 한 학기를 보내고 나니 신앙 없는 생활에 회의가 들기 시작하더군요. 저는 다시 신앙생활을 시작하려는 생각으로 주위의 가까운 친구들에게 교회를 가자고 제안도 해 보았습니다. 그러나 친구들은 주일날 오후까지 잠을 자기가 일쑤였기에 저는 다른 친구(이 친구는 신천지에서 신학원 과정을 밟고 있는 친구였습니다)에게 교회를 가자고 졸랐습니다. 그러자 그 친구는 저에게 "하나님이 어떤 분이냐"고 물었습니다. 저는 "사랑이 많으시고, 공의로우신 하나님"이라고 말했습니다.

그 때 이 친구는 성경구절을 대면서 하나님께서는 자존하시는 창조주라고 하였습니다. 저는 정말 깜짝 놀랐습니다. 어렸을 때부터 열심히 교회를 다녀 성경에 대해서는 그래도 잘 안다고 생각했는데 그 친구처럼 성경 몇 장 몇 절에 하나님이 어떤 분인지 정확히 써있다고 제시하지는 못했거든요. 그 친구는 저에게 교회를 무작정 가는 것보다 성경공부를 먼저 하고 가는 게 낫다고 말했고 저는 그 말에 바로 친구가 소개해준 선교사라는 사람과 성경공부를 시작하게 되었습니다. 이 선교사가 신천지 교리를 가르쳐 줄 때마다 저는 매시간이 재밌고 너무나 좋았습니다.

저의 상태가 괜찮아 보였던지 저는 2학기 때부터 신학원에 다니게 되었습니다. 학과의 특성상 많은 과제와 학업, 운동을 하면서 성경공부를 해야 했습니다. 신천지 성경공부는 주 4일, 매일 2시간으로 진행이 돼서 너무나 힘들었지만 말씀을 듣고 집으로 돌아갈 때는 성경 속에서 새로운 하나님의 뜻을 발견했다는 생각에 힘든 줄도 몰랐습니다.

신천지의 신학원 과정에 들어가자 지금이 마지막 때인 계시록의 시대이고 이 시대의 마지막 목자, 구원자인 이만희 교주가 있는 시온산이 천국이기에 신천지로 와야 구원을 받는다고 가르쳤습니다. 그리고 14만 4천이라는 제사장의 반열에 들기 위해서는 전도를 해야 한다고 합니다. 게다가 마지막 보혜사인 이만희 교주를 믿으면 예수님이 재림하실 때 육체가 죽지 않는 신인합일, 즉 영생을 한다고 합니다. 제가 신학원을 다닐때에는 열매가 없으면 수료를 못한다는 말까지 나돌았습니다. 수료를 하기 위해 저는 방학이 되면 새벽기도로 시작해서 밤 깊은 시간까지 포교에 매달리게 되었습니다.

이렇게 열심히 뛴 덕분인지 다행히 열매를 맺게 되었고 드디어 신학원을 수료하게 되었습니다. 신천지로 유월(정통교회에서 신천지로 넘어간다는 의미)하게 되면서 더욱 열심히 아침부터 저녁까지 신천지의 교리공부와 전도활동으로 시간을 보냈습니다. 새 학기가 되어서는 포교를 위해 가짜 기독교 동아리라는 것을 만들어 10여 명의 후배들에게 성경을 가르쳤습니다. 그러나 학과에 저희 동아리가 신천지, 이단이라는 소문이 퍼지게 되어 더 이상 활동을 계속할 수가 없었습니다.

게다가 이 사실을 부모님께서도 알게 되었고 저는 당연히 이젠 신천지에 다니지 않겠다고 약속했습니다. 말은 그렇게 했지만 예배를 빠지는 것은 신천지에서는 커다란 죄로 가르쳤기에 저는 어떤 수단과 방법을 가리지 않고 몰래 집회에 참석했습니다. 부모님을 속이고 집회에 참석했기 때문에 버스를 타면 아는 사람이 있는지부터 살폈습니다. 혹시나 하는 마음에 신천지 신학원보다 두 세 정류장 먼저 내리는 행동도 했습니다.

이때는 마치 제가 첩보영화의 주인공이 된 거 같았습니다. 이때 가장 기억에 남는 것은 시간표를 짤 때 수업을 전부 월, 화요일로 몰아서 듣고 수요일부터 주일 저녁까지는 신천지에서 활동을 했던 것입니다. 꼬리가 길면 밟힌다는 속담이 있듯이 저의 이러한 행각은 부모님에게 곧 발각되었습니다. 가족을 속인 게 들통 나자 저는 바람 쐬러 나간다고 한 후 가출을 하게 되었습니다. 막상 집을 나와 보니 저의 이러한 행동은 가족과 학교 등 모든 것을 배신한 행위였습니다. 저의 이러한 행동의 파장이 얼마나 큰지도 모르고 말입니다. 시간이 흐를수록 돌아가고 싶은 생각이 간절했지만 지금 돌아가면 나 때문에 가족과 친구들은 물론이고 제 위로 천대, 아래로 천대 모두 구원 받을 수 있는 기회를 박탈당한다는 생각에 이를 악물고 참고 견뎌야 했습니다. 내가 끝까지 참고 견뎌야 우리 집안이 산다는 생각과 주의 군사는 고난을 즐거이 받고 이러한 고난으로 주님이 나를 단련시키고 있다고 생각하며 더욱더 마음을 굳게 먹었습니다. 신천지에서 지금 돌아서면 나중에 역사가 이루어질 때 가족과 친구들이 '그때 네가 좀만 참고 견뎠어야지, 우린 몰라서 신천지에 안 갔지만 너라도 버티지 그랬냐?'라는 말을 할 것만 같았습니다. 꿈에서까지도 이 얘기를 들었을 정도입니다. 가출한 후 민족 대명절인 추석날 아침이 되었습니다.

진짜 이날 아침은 눈을 뜨기가 두려웠습니다. 그리고 이날 엄청난 소식을 듣게 되었습니다. 저희 어머니께서 가출한 저 때문에 신천지 신학원 앞에서 일인 시위를 하고 계신다는 소식이었습니다. 저는 가출하면 포기하시겠지 하고 너무 쉽게 부모님의 사랑을 판단했던 거 같습니다. 더욱 놀란 것은 저희 어머니께서는 시위 같은 험한 일을 하실 분이 아니었는데도 아들을 위해 거리로 나선 겁니다. 결국 부모님의 헌신적인 사랑 덕분에 더 이상 저는 고집을 피울 수가 없었습니다. 저는 어쩔 수 없이 2주라는 시간 끝에 목포행 마지막 열차에 몸을 싣고 집으로 향했습니다. 집에 가서 단단히 혼이 날 걸로 생각했던 것과 달리 집안은 여느 때와 다름없이 평안했습니다. 못난 자식 때문에 고생이 많으셨고 화도 많이 나셨을 텐데 말입니다. 그리고 저는 다시 학교에 복학하게 되었습니다.

2주 동안 무단으로 결석해서 학교에 적응하기 어려울 줄 알았지만 교수님들과 친구들의 관심과 배려 속에서 큰 어려움은 없었습니다. 한 가지 달라진 점이 있었는데 어머니께서 대전에 올라오셔서 저와 같이 등하교를 하게 된 것입니다. 어머니께서 생계를 뒤로 하고 대전에 올라오신 이유는 신천지인들의 접근을 막기 위해서였습니다. 저는 이러한 부모님의 자식에 대한 사랑을 알기에 신천지에 가면 안 되었으나 이러한 부모님의 은혜 때문에라도 저의 신천지에 대한 신앙은 무너지면 안 되는 것이었습니다. 제가 신천지 신앙을 굳게 지키면 저 때문에 가족까지 구원을 얻을 수 있다고 배웠기 때문입니다. 제가 신천지 신앙을 버리면 가족들이 구원받을 기회까지 박탈당하기 때문입니다. 이런 생각 때문에 저는 어처구니없게 밤마다 하나님께 신천지에 대한 믿음이 흔들리지 않게 도와 달라고 기도했습니다. 저는 이러한 갈등 속에서 학교를 다니게 되었고 다행히 2학기를 마칠 수가 있었습니다.

방학이 되자 어머니께서 드디어 이단문제 상담을 전문으로 하는 상담소로 가자고 하셨습니다. 그때 저는 정말 깜짝 놀랐습니다. 신천지에서는 이단상담소를 가면 정신병원 강제 입원, 감금, 구타 등을 한다고 매도하였기 때문에 '상담소를 가자'는 말을 들으면 정말 무서웠습니다. 그래도 가족들은 이단 상담을 통해 신천지의 가르침이 무엇이 잘못됐는지 확인하자고 설득했습니다.

결국 저는 신천지로 당당히 돌아갈 수 있는 방법은 이단상담을 받고 이기고 돌아오는 길밖에 없다고 생각했습니다. 정면 돌파만이 답이었습니다. '싸워서 이기자, 그리고 신천지에 당당히 다니자'라고 다짐을 했습니다. 어차피 식구들을 전도해야 했기에 위기를 기회로 이용하려는 생각으로 이단상담소에 첫발을 내디뎠습니다.

정신병원 강제입원, 감금, 구타 등은 없었지만 아침부터 저녁까지의 상담 일정에 첫날은 머리가 터질 것 같았고, 둘째 날은 정말 몸과 마음이 피곤했습니다. 신천지 교리의 허구성을 들으면 들을수록 인정하기가 싫었고 합리화만 했습니다. 신천지가 틀려 보이는 내용이 있으면 '지금 내가 아직 신천지 교리가 체계적으로 뿌리 내리지 못해 그러는 거야'라며 여러 번 마음속으로 되새겼습니다. 하지만 진리 앞에서는 어쩔 수 없는지 신천지 교리의 문제점을 들으면 들을수록 제 마음의 벽이 사르르 녹아들고 말았습니다. 절대로 무너지지 않을 것 같았던 신천지 교리가 하나 둘씩 무너져 내리자 그토록 '당당하게 이기고 돌아가자'던 저는 정말 쥐구멍에라도 숨고 싶었습니다.

'지금까지 내가 했던 것은 과연 무엇을 위한 거란 말인가? 그럼 거기 있는 모든 사람들이 이만희 교주에게 속고 있었단 말인가!' 상담을 받은 후에는 잠자기조차 힘들었습니다. 내가 신천지에 있는 동안 나를 가르쳤던 강사, 전도사 등 신천지 식구들의 얼굴이 하나씩 주마등처럼 지나갔습니다. 그리고 지금까지 하나님께 배도를 하고 있었다는 사실에 정말 큰 죄를 지었다는 것을 깨달았습니다. 구원론을 들으면서 구원은 행함으로 얻어지는 것이 아니라 하나님의 선물이요, 예수님의 은혜라는 말씀으로 모든 중압감에서 벗어나 진정한 자유를 얻게 되었습니다. 예수님의 보혈의 피로 인하여 나의 죄가 속죄되었고, 복음을 듣고 믿기만 하면 구원을 받는다는 말씀을 따라 구원의 확신을 가지게 되었습니다. 상담 후 지금까지 저는 신천지에 미혹된 사람들을 위해 기도하고 있습니다. '학교를 다니면서 아직도 마치 하나님의 일인 양 알지 못하여 거짓 것에 충성하고 있는 사람들을 봅니다. 그들이 제발 하나님의 구원의 은혜를 알게 해 주세요.' 저의 이러한 기도가 꼭 이루어졌으면 합니다.

신천지에서 벗어나게 하신 하나님의 은혜와 사랑에 감사드립니다. 그리고 저를 위해 기꺼이 이단 상담해주신 모든 분들, 마지막으로 상담을 받는 동안 함께 해준 가족과 이단상담소 목사님과 강사들에게 진심으로 감사드립니다.

아들은 상담을 받고 나서야 비로소 신천지가 진리라고 생각하며 1년 동안 살았던 시간이 자존심 상하고 아깝다고 이야기 했습니다. 이런 아들을 하나님께서 용서해 주시고, 위로해 주시고, 하나님 자녀 삼아주셨습니다. 그리고 이 일을 통해 가족관계를 회복시켜 주시고, 남편에게도 구원의 확신을 선물로 주셨습니다. 저희 가족은 다시 직장생활, 아이들은 학교생활, 평범한 일상생활에서 감사를 느끼며 행복하게 살아가고 있습니다. 이 일을 통해 놀라운 일을 행하신 하나님의 계획에 영광 돌립니다. 본 교회로 돌아온 저희들을 따뜻하게 위로해주신 목사님과 성도님들께도 감사드립니다. 그리고 거짓 이단에 빠진 이들을 위해 주야로 상담해주시고 애써 주신 이단상담소에 진심으로, 진심으로 감사드립니다.

3장

# 신천지에 빠진 아들이
# 돌아왔습니다

• • •

# 3장

{ 신천지에 빠진 아들이
돌아왔습니다 }

**이민정 집사**
가명 / 신천지 탈퇴

"부모를 속이고, 주위 사람을 속이면서 다니는 종교가 무슨 진실성이 있느냐 그곳에 거짓은 없는지 성경을 통해 확인해 보자는 것이었습니다. 우리의 요구는 간단했습니다. 아들이 신천지에서 배운 것이 정말로 진리이고 사실에 입각한 것인지 확인해 보자는 것이었습니다. 평상시에 아들이 신앙적으로 궁금해 하던 것을 물어보자는 것이었습니다. 결국 아들도 납득을 했고 우리는 이단상담소에서 상담을 할 수 있었습니다. 설득을 했지만 아들은 처음에는 잘 듣지 않는 듯했습니다. 3일째가 돼서야 진지한 모습으로 이야기를 시작하더군요. 몇 가지가 있지만 그 중에 영적 새 이스라엘 12지파가 신천지에서만 있다고 배웠는데 다른 이단들에도 12지파가 있다는 것을 들으며 무너지기 시작했다고 아들은 말했습니다."

가출한 딸을 돌려 달라며 시위에 나선 신천지 피해자

부끄러운 이야기를 써볼까 합니다. 꺾어진 반백년을 사는 제게 기념일이 몇 개 있습니다. 세상에 부모님을 통해 태어난 생일, 인생을 같이 살아가는 나의 반쪽을 만난 결혼기념일, 이 세상에 또 다른 나를 닮은 아이들의 생일 등입니다. 그런 저에게는 또 하나 잊을 수 없는 기념일이 있습니다. 2015년 7월 1일 수요일, 재수생인 첫째 아들이 신천지에서 1년 정도 활동하고 있다는 제보를 접한 날입니다. 믿어지지도 않았고 있을 수 없는 일이라 생각하며 거부도 해보았지만 현실을 받아들일 수밖에 없었습니다. 그날 저녁에 남편과 의논하며 1년 정도의 생활을 기억하면서 아이의 행동을 반추해 보았습니다.

음악에 관심이 많은 아이는 중학교 1학년부터 고등학교 3학년 5월까지 교회 반주자로 헌신했습니다. 아들은 반주자로서 신앙생활을 열심히 했고 음악을 전공하기 위해 대학을 목표로 준비 중이었습니다. 그러던 중 서울 홍대 앞 신호등에서 설문조사를 하는 사람에게 전화번호를 적어줬다가 뮤지컬, 보컬그룹모임(신천지)을 하게 됐고 이곳에서 친해진 형들과 성경공부를 하게 된 것 같습니다. 수능과 실기시험을 보면서 부모의 마음은 합격의 간절함으로 가득 찼지만 아이는 부모를 속이고 형식적으로 수능을 준비했으니 합격할 리가 없었습니다. 당연히 이들은 재수를 하기로 결심했습니다. 납득이 안되는 행동들이 있었지만 '재수생이니까, 그렇겠지'하고 많은 부분을 이해하고 넘어갔습니다. 집에 돌아오는 시간은 밤11시~12시였습니다. 저녁을 먹고 들어왔다는 아이의 얼굴에는 피곤함과 배고픔이 가득했습니다. 늦은 저녁을 차려준다고 하면 거부를 하는 아들이 야식을 배달해주면 먹더군요. 나중에 안 일이지만 엄마를 믿지 못하고 수면제를 탔을까봐 차려준 밥을 안 먹었다고 합니다. 신천지에서 어떻게 교육을 했는지 아들은 부모를 믿지 못했습니다. 아이의 행동은 일반적인 상식으로는 이해할 수가 없었습니다.

그러던 중 독일로 유학을 보내달라고 하는 아이와 나는 수 없이 갈등하며 의견이 좁혀지지 않는 중에 제보를 접하게 된 것입니다. 현실도피성 유학이라 "안된다"며 야단도 쳐 보았지만 포기하지 않더군요. 나중에 들은 얘기지만 신천지에서 문화 사업으로 재능 있는 아이들 팀을 독일로 보낼 계획이었다고 합니다. 독일유학을 가고 싶다고 할 때 저와 나눴던 이야기들은 부모와 자식간에만 있는 일인 줄 알았는데 이 내용이 녹음이 돼서 신천지 윗 단계에 보고됐다는 것을 알았고 그뿐 아니라 그에 대한 피드백까지 받은 사실을 알았을 때는 정말 엄마로서 좌절할 수밖에 없었습니다. 그래서 개인레슨을 받고 있는 선생님과도 의논해 보았습니다. 나중에 알고 보니 개인레슨을 한 선생님도 신천지였습니다. 결

오전 10:30, 저녁 7:30에 시작하는 강의 시간에 맞추기 위해 신천지 신도들은 오전 일찍 나갔다가 밤 11:00 넘어서 들어오는 경우가 많다

국 저희 가족은 재수생인 상태에서 아들을 독일로 보낼 수 없다는 거였습니다. 저와 아들의 갈등의 골은 깊어만 갔습니다. 그런 상태에서 아들이 신천지에서 활동하고 있다는 제보를 받게 된 겁니다. 남편과 저는 그제야 납득되지 않던 아들의 행동이 이해되기 시작했습니다.

제보 받은 날 저녁이었습니다. 남편과 저는 신천지에 관한 모든 정보를 수집하면서 계획을 짜게 되었습니다. 하루일과를 마치고 집에 돌아온 아들의 얼굴은 언제나 피곤함과 배고픔에 지쳐있었습니다. 야식을 시켜 먹으면서 대화를 시도했지만 아들은 진실성이 없었고 거짓말로 부모를 속이기에 급급함을 느낄 수 있었습니다. 가족을 믿지 못하고, 부모를 믿지 못하는 아들을 보면서, 그때 엄마로서 느꼈던 비참함은 어떤 단어로도 표현을 못하겠습니다.

남편과 저는 직장에 휴직서를 제출했습니다. 기도하면서 밤낮으로 방법을 찾아보았지만 방법이 나오지 않았습니다. 아들과 진실한 대화도 시도해봤습니다. 그러나 아들의 마음은 단단히 잠겨 있었습니다. 우리 부부는 아들이 왜 거짓말을 하는지, 왜 부모를 못 믿는지, 도저히 이해할 수 없었습니다. 시간이 될 때 우

리 부부는 아들을 조용한 펜션으로 데리고 가 진지하게 대화를 나눌 시간을 가졌습니다.

엄마 : 아들아 네가 다니는 곳이 신천지니?

아들 : 네.

엄마 : 왜, 그곳에?

아들 : 그곳이 진리니까요!

엄마 : ···

엄마 : 그럼 엄마가 믿는 신앙관과 아들이 믿는 신앙관에 대해 이야기 좀 할까? 3가지만 물어 볼게. 첫째, 하나님은 우리를 창조하셨다는 것과 지금도 존재하신다는 걸 믿니?

아들 : 네.

엄마 : 둘째, 예수님은 우리의 구원자이심을 믿니?

아들 : 네, 근데요, 엄마, 예수님은 그때의 구원자이지만 지금 시대의 구원자는 따로 있어요.

엄마 : 그래, 그럼 셋째, 엄마는 죽으면 천국 가는 걸 믿는데.

아들 : 저도 천국 믿어요. 근데 지상천국이 곧 이루어질 거예요!

이 말에 저는 절망의 탄식이 터져 나왔습니다. 오, 주님!

엄마 : 그렇다면 아들아, 종교적인 것을 떠나 너하고 나는 엄마와 아들이야. 왜 부모에게 거짓말을 하고 1년 동안 속이면서 신천지에 다녔니? 궁금한 거 있으면 이야기 하지!

아들과 수많은 이야기를 했지만 좁혀지지 않는 갈등으로 할 말을 잃고 울면서 며칠을 펜션에서 보내게 되었습니다. 며칠을 보내면서 피곤에 지쳐있던 아들은 그동안 못잔 잠을 계속적으로 자면서 얼굴 표정이 밝아지더군요. 그러면서 이성적으로 아주 조금씩 이야기가 가능하게 되었습니다. 그때 우리는 아들에게 이단상담소에 가서 상담 받을 것을 권유하게 되었습니다. 부모를 속이고, 주위 사람을 속이면서 다니는 종교가 무슨 진실성이 있느냐 그곳에 거짓은 없는지 성경을 통해 확인해 보자는 것이었습니다. 우리의 요구는 간단했습니다. 아들이 신천지에서 배운 것이 정말로 진리이고 사실에 입각한 것인지 확인해 보자는 것이었습니다. 평상시에 아들이 신앙적으로 궁금해 하던 것을 물어보자는 것이었습니다. 결국 아들도 납득을 했고 우리는 이단상담소에서 상담을 할 수 있었습니다.

설득을 했지만 아들은 처음에는 잘 듣지 않는 듯했습니다. 3일째가 돼서야 진지한 모습으로 이야기를 시작하더군요. 몇 가지가 있지만 그 중에 영적 새 이스라엘 12지파가 신천지에서만 있다고 배웠는데 다른 이단들에도 12지파가 있다는 것을 들으며 무너지기 시작했다고 아들은 말했습니다. 그러면서 아들은 "엄마, 나 처음부터 다시 들어 볼 거야. 신천지도 일반 교회에서도 아닌 완전히 원점에서 시작해서 들어볼게"라고 고백했습니다. 그러면서 아들은 "개인레슨을 받고 있는 선생님 계좌에 레슨비 보내지 마세요."라며 "앞으로 대학은 어떻게 해요?"라고 이야기하더군요. 우리 가족의 입에서 "할렐루야"라는 고백이 절로 나왔습니다.

남편과 아들과 저는 그 후로 헌신적으로 강의해 주신 이단상담소 강사님들의 열띤 강의에 더욱 집중하게 되었고 아들이 신천지를 나올 수 있다는 확신을 갖게 되었습니다. 상담을 진행할수록 말 수가 적던 아이는 조금씩 옛날의 착한 아들로 돌아오고 있었고 농담으로 "거짓말은 절대 안 돼"라는 말을 하며 웃곤 했답니다. 신천지 신도들은 자신들을 강제 개종하지 말라고 하는데, 이단상담소는 강제 개종하는 곳이 아닙니다. 다만 거짓 교리에 속은 자들에게 어떻게 뭐가 잘못됐는지 확인시켜 주고 선택은 각자의 몫으로 돌리는 곳입니다.

아들은 상담을 받고 나서야 비로소 신천지가 진리라고 생각하며 1년 동안 살았던 시간이 자존심 상하고 아깝다고 이야기했습니다. 이런 아들을 하나님께서 용서해 주시고, 위로해 주시고, 하나님 자녀 삼아주셨습니다. 그리고 이 일을 통해 가족관계를 회복시켜 주시고, 남편에게도 구원의 확신을 선물로 주셨습니다. 저희 가족은 다시 직장생활, 아이들은 학교생활, 평범한 일상생활에서 감사를 느끼며 행복하게 살아가고 있습니다. 이 일을 통해 놀라운 일을 행하신 하나님의 계획에 영광 돌립니다. 본 교회로 돌아온 저희들을 따뜻하게 위로해주신 목사님과 성도님들께도 감사드립니다. 그리고 거짓 이단에 빠진 이들을 위해 주야로 상담해주시고 애써 주신 이단상담소에 진심으로, 진심으로 감사드립니다.

학교 축제날이었어요. 친구들을 기다리고 있었는데 어떤 여성이 다가오더니 "인터넷 OO뉴스에서 나왔습니다. 20대에 관한 설문조사를 하는데 답변 부탁드립니다."라고 말했습니다. 축제날이라 들뜬 마음에 기분 좋게 설문조사에 응했지요. 그렇게 저는 신천지에서 어려운 케이스라고 말하는 '노방전도'로 신천지에 들어갔습니다. 그 여성을 통해 제 3의 인물, 연세대 기독 상담사 겸 강사라는 분을 소개받았습니다. 그는 내게 성경공부를 해보지 않겠냐고 권유했습니다. 마침 신앙 생활을 열심히 해야겠다는 다짐으로 뒤늦게 교회생활에 열심을 내던 때였지요. 성경을 알고 싶었는데 이건 하나님이 주신 기회라고 생각하며 성경공부를 시작하게 됐습니다.

# 들뜬 기분에 응한 설문조사가
## 결국 신천지였습니다

• • •

# 4장

# 들뜬 기분에 응한 설문조사가
# 결국 신천지였습니다

**이준석 청년**

가명 / 신천지 탈퇴

"성경공부를 하면서 재미도 있었지만 한편으로 성경공부 강사에 대한 의심이 든 적도 있습니다. '진짜 연대에서 일하는 분일까? 한 번 알아봐야 겠다'라는 생각도 했습니다. 그러던 어느 날 그 강사라는 사람과 성경공부를 하던 중이었습니다. 그때 어떤 여학생 두 명이 지나가며 "교수님 안녕하세요"라고 인사를 하는 것이었습니다. 그 한마디로 저의 의심은 눈 녹듯 사라져 버렸습니다. 속으로 '아! 정말 연대에서 일하시는 분이 맞구나!' 라고 생각 했습니다. 그대로 의심은 사라지고 그분을 믿고 성경공부를 계속했습니다. 역시나 나중에 신천지에 들어가 보니 그 강사는 연대에서 일하는 사람도 아니었고 그 때 인사한 여학생 두 명도 연대 학생이 아니었습니다. 신천지에서 말하는 모략으로서 성경 공부하는 사람의 의심을 없애기 위해 속이는 연기를 하며 지나간 것이었습니다."

이만희 교주 의전을 맡은 신천지 신도

저는 어려서부터 교회를 다녔지만 성경도 예수님도 모르는 무늬만 기독교인이었습니다. 그러던 중 대학원에 들어가면서 새로운 시작과 동시에 신앙생활도 열심히 해야겠다고 다짐하며 교회를 다니기 시작했습니다. 학교 축제날이었어요. 친구들을 기다리고 있었는데 어떤 여성이 다가오더니 "인터넷 ○○뉴스에서 나왔습니다. 20대에 관한 설문조사를 하는데 답변 부탁드립니다."라고 말했습니다. 축제날이라 들뜬 마음에 기분 좋게 설문조사에 응했지요. 그렇게 저는 신천지에서 어려운 케이스라고 말하는 '노방전도'로 신천지에 들어갔습니다. 그 여성을 통해 제 3의 인물, 연세대 기독 상담사 겸 강사라는 분을 소개받았습니다. 그는 내게 성경공부를 해보지 않겠냐고 권유했습니다. 마침 신앙생활을 열심히 해야겠다는 다짐으로 뒤늦게 교회생활에 열심을 내던 때였지요. 성경을 알고 싶었는데 이건 하나님이 주신 기회라고 생각하며 성경공부를 시작하게 됐습니다.

저는 무늬만 기독교인이었기에 신천지가 뭔지도 몰랐고 교회 밖에서 성경공부를 하지 말아야 한다는 것도 잘 몰랐습니다. 이단에 대한 경계심이 거의 전무한 저였습니다. 성경공부를 하면서 재미도 있었지만 한편으로 성경공부 강사에 대한 의심이 든 적도 있습니다. '진짜 연대에서 일하는 분일까? 한 번 알아봐야겠다'라는 생각도 했습니다. 그러던 어느 날 그 강사라는 사람과 성경공부를 하던 중이었습니다. 그때 어떤 여학생 두 명이 지나가며 "교수님 안녕하세요"라고 인사를 하는 것이었습니다. 그 한마디로 저의 의심은 눈 녹듯 사라져 버렸습니다. 속으로 '아! 정말 연대에서 일하시는 분이 맞구나!' 라고 생각했습니다. 그대로 의심은 사라지고 그분을 믿고 성경공부를 계속했습니다. 역시나 나중에 신천지에 들어가 보니 그 강사는 연대에서 일하는 사람도 아니었고 그 때 인사한 여학생 두 명도 연대 학생이 아니었습니다. 신천지에서 말하는 모략으로서 성경공부하는 사람의 의심을 없애기 위해 속이는 연기를 하며 지나간 것이었습니다. 그 후 신천지 신학원인 센터로 옮겼고 그 센터에서는 장로교에서 하는 성경공부라고 다시 저를 속였습니다. 그곳에서도 저는 의심 없이 월화목금 하루 3시간씩 성경공부를 했습니다. 처음 해보는 성경공부는 정말 재미있고 즐거웠습니다. 대학원 공부보다도 더 많은 시간을 투자하며 성경공부에 전념했습니다.

3~4개월이 지나자 저는 이미 신천지 교리로 세뇌가 돼 갔습니다. 센터에서는 이곳이 신천지이며 이 비유풀이 계시를 받고 계시록을 성취한 자가 이만희 총회장이라고 밝혔습니다. 그러나 이미 저는 세뇌가 돼 있었기 때문에 이 말씀이 진리이고 이곳만이 하나님께서 인정하는 하나님의 나라라고 믿고 그렇게 신천지 교회를 다니기 시작했습니다. 저 역시 이만희 교주를 보혜사로, 구원자로, 예수님의 영이 함께하는 대언자로 생각했고 14만 4천에 들어가기 위해 예배 출석, 헌금생활, 포교활동을 열심히 했습니다. 대학원 수업이 있는 시간을 빼고는 매일같이 신천지교회로 가서 많은 사람들을 성경공부로 미혹하기 위해 몇 시간씩 포교 피드백을 한 후 사람들을 만나 성경공부로 유인했고 저녁이면 신천지 센터로 가서 처음 듣는 척 하면서 새로 온 미혹의 대상인 수강생들을 관리하는 역할도 했습니다.

저는 신천지에서 1년 정도 있었지만 그 누구보다도 우상숭배를 많이 한 것 같습니다. 그 이유는 신천지에서 '의전'이란 역할을 했기 때문이다. 신천지에서 중요하거나 특별한 행사가 있으면 행사를 안내하고 그 행사에 참여하는 모든 사람들에게 인사하고 불편함이 없도록 도와주는 역할을 했던 것입니다. 어떤 행사를 하든지 이만희 교주가 불시에 올 수도 있으니 의전은 언제나 이만희 교주에게 하듯 반듯하게 인사하는 모습을 보여야 할 의무가 있었습니다. 그래서 매주 토요일에는 의전 교육을 받았습니다.

단정한 머리와 옷차림을 하고 인사 연습을 할 때마다 수도 없이 하나님도 아닌, 예수님도 아닌… '총회장님, 사랑합니다'를 외쳐야 했습니다. 의전 교관은 이만희 교주에 대해 진심으로 경외하는 마음으로 해야 한다고 가르쳤습니다. 저는 이만희 교주에 대한 충성심을 키우며 맹렬히 연습을 했습니다. 그러던 중 신천지에서 가장 큰 축제인 하늘문화예술 체전 때 이만희 교주가 입장하는 문쪽에서 인사를 하는 역할을 맡았습니다. 교주를 본 순간 정말 기쁘고 두렵고 떨리는 마음으로 '나에게 이런 영광이 주어지다니' 하면서 이만희 교주가 차에서 내리는 순간 정말 큰 목소리로 '총회장님, 사랑합니다.'를 외쳤습니다. 그 날은 내가 신천지에 있는 동안 가장 영광스러운 날이라 생각했습니다.

그렇게 신천지에서의 생활이 1년이 될 때쯤이었습니다. 그 날도 역시 전도활동과 수요예배를 드리고 밤 12시쯤 집에 들어갔습니다. 아빠가 아파트 밖에 나와 계셨습니다. 아빠는 제가 신천지에 다닌다는 것을 아시게 된 것이었습니다. 저는 그대로 가족의 권유와 설득을 따라 한국기독교이단상담소협회로 가게 됐습니다. 부모님이 제가 신천지에 빠진 걸 알게 된 경위는 이랬습니다. 엄마가 내 방을 들어갔다가 나도 모르게 흘린 쪽지를 발견하셨습니다. 그 쪽지에는 전도, 찾기, 복음방 몇 명 등 의심의 소지가 다분한 말들이 적혀 있었습니다. 그것을 시작으로 부모님은 은밀히 알아보시다가 결정적인 증거를 발견하게 된 거죠. 6개월의 성경공부를 마치고 경기도 파주에서 수료식을 했다는 내용의 쪽지였습니다. 저는 그때 이만희 교주를 좀 더 가까이 보기 위해 앞으로 바짝 다가서 앉았습니다.

그때 찍혔던 사진이 인터넷 뉴스 기사에 너무 활짝 웃고 있는 사진으로 올라가 있던 것이었습니다. 그것을 보고 부모님께서는 내가 신천지에 빠졌다고 확신하셨고, 저에게는 비밀로 하고 이단상담소에서 가족 상담을 받았던 것입니다.

이단상담소에서 상담을 받기 시작했는데, 계속 속으로 신천지 교리로 반박하고 강사 질문에 대답도 안 하고 어떻게 하면 상담을 끝낼 수 있을까 고민만 했습니다. 강사의 말을 전혀 듣지 않고 딴 생각만 했던 것입니다. 이틀째 되는 날 6시가 되고 모두 퇴근한 상황에서 우연히 신천지 탈퇴자와 대화를 하게 됐습니다.

그 대화를 시작으로 정말 하나님의 은혜로 다시 상담을 받아보고 싶은 마음을 갖게 됐습니다. 그 때 신천지 탈퇴자가 해줬던 말은 구원의 복음에 대한 설명이었습니다. 특히 이사야 43장 11절에 '나는 여호와라. 나 외에는 구원자가 없느니라'는 말씀이 너무나 마음에 와 닿았습니다. '하나님 외에는 구원자가 없다고 하셨는데 그럼 이만희 교주는 누구일까? 정말 내가 믿었던 신천지가 모두 거짓된 것일까?' 라는 의구심이 생기기 시작했습니다. 이때부터 상담을 거절하기보다 한번은 제대로 들어봐야겠다고 결심을 하게 됐습니다. 정말 이 짧은 시간이 제게는 운명의 시간이었습니다. 하나님의 은혜로 복음을 들을 수 있는 마음을 주시고 들을 귀와 깨닫는 은혜를 주신 것을 감사드립니다. 이 마음을 먹고 이단 상담을 듣기 시작했을 때였습니다. 신천지측에서 제가 이단상담소에 온 것을 알고 찾아왔습니다.

한 때 신천지 신앙의 동지였던 친구, 선후배들이 눈에 들어왔습니다. 하나님의 역사를 이뤄보자고 함께 울며 웃었던 그들이었습니다. 경찰을 대동하고 들이닥친 그들 중 가장 가까웠던 친구가 말했습니다. "준석아, 나랑 1분만 얘기하자." 절체절명의 순간이었습니다. 만일 제가 1분만 그와 얘기했다면 역사가 어떻게 바뀌었을지 모르는 순간이었습니다. 그러나 저는 그들 앞에서 말했습니다. "아니! 나 이거 끝까지 들어보고 얘기하자!" 만일 신천지측 교인들이 내가 상담을 받을 결심을 하기 전 찾아왔다면…. 생각만 해도 아찔합니다. 아마 저는 간증문을 쓰지 못했을 수도 있습니다.

그 후 진용식 목사님의 반증 교육을 통해 확실히 신천지 교리가 거짓이었고 이만희 교주는 이단 교주요 종교 사기꾼에 불과하다는 것을 깨달을 수 있었습니다. 그리고 전도사님의 구원론 강의를 통해 복음을 더 깊이 알고, 예수 그리스도가 어떤 분이신지 확실히 깨닫게 됐습니다. 신천지에서 저는 이렇게 위대하신 예수님을 인간으로만 알고 그분의 능력을 너무나도 협소하게만 여겼습니다. 그 것이 얼마나 큰 잘못이었는지 알게 됐습니다. 그리고 로마서 3:25 말씀처럼 이렇게 피조물에게 우상숭배까지 한 저를 예수님의 보혈을 믿음으로써 죄를 간과

해주시고 죄인을 의롭다 칭해주심으로 구원을 받게 해 주신 하나님께 감사와 기쁨의 눈물을 흘렸습니다.

또한 구원은 하나님의 은혜에 의하며 믿음으로 말미암아 받는 것이요 행위에서 난 것이 아니니 누구도 자랑치 못한다는 에베소서 2:8~9 말씀을 본 순간, 신천지에 있을 때 내가 예배든, 전도든, 기도든 열심히 하면 구원받을 수 있겠지라고 생각했던 것이 얼마나 교만한 것인지 깨달을 수 있었습니다.

구원이라는 최고의 선물을 주신 하나님께 정말 감사드립니다. 하나님께서 저에 대한 예정 아래 이렇게 귀한 복음으로 불러주시고 하나님 나라에서 하나님의 통치를 받으며 하나님의 은혜를 구할 수 있어 기쁘고 행복합니다.

또한 제가 신천지에 다닌다는 것을 아셨을 때 매일같이 기도하실 때마다 어머니가 들려주셨던 성경 말씀이 로마서 8:28 '하나님을 사랑하는 자 곧 그 뜻대로 부르심을 입은 자들에게는 모든 것이 합력하여 선을 이루느니라'였습니다. 이 말씀의 소망처럼 비록 신천지에 빠져있는 저를 구하기 위한 반증교육을 통한 것이었지만 하나님의 부르심을 입고 나뿐만 아니라 같이 내 뒤에서 복음을 듣던 아빠까지도 예수님을 만나고 그리스도를 영접하게 된 건 큰 축복이었습니다. 이처럼 저와 저희 가정에 대한 하나님이 사랑을 알게 해 주시고 놀라운 역사를 경험하게 하신 하나님께 감사드리며 앞으로 하나님의 영광을 위해 더욱 더 예수님을 닮아가는 삶을 살아야겠다고 다짐합니다.

그리고 제가 있던 신천지교회에는 청년만 거의 700명 가까이 있었습니다. 젊은 그들이 아직도 이만희 교주를 믿고 우상숭배를 하고 있고 밤낮 쉼 없이 사탄의 종노릇을 하고 있습니다. 기회가 주어진다면 너무나 안타까운 그 영혼들을 위해 복음을 전하고 싶습니다. 언제든 복음을 전할 수 있도록 나부터 하나님 사랑의 깊이와 높이와 넓이를 깨달을 수 있는 하나님의 은혜가 있기를 기도합니다. 저를 사랑으로 이끌어주신 진용식 목사님과 이단상담소협회 강사님들, 부모님께 깊은 감사드립니다. 모든 영광을 하나님께 올려드립니다.

신천지 사람들은 그 안에서 좋은 것만 있다고 생각합니다. 그곳에서 죽는 사람이 아무도 없는 육체영생이 이뤄진 곳인 줄로만 압니다. 그러나 그들이 말하는 신천지에서는 사람들이 죽어나가고 장기 결석자들로 인해 심방만 담당하는 팀이 따로 있을 만큼 힘들고 험한 생활을 합니다. 신천지 청년회의 사명자들은 시간만 되면 정신훈련을 한다며 야간 산행을 했고, 저희 부서는 근처 공원에서 비가 오나 눈이 오나 정신이 해이해졌다는 이유로 기합 아닌 기합을 받았습니다. 이러한 체제 속에 베드로 지파 사람들은 항상 타 지파에 모범이 되었고, 신천지 전국체전 응원상을 받을 때는 외국에서 온 사람들에게 '저 사람들은 북한에서 온 지파입니까?'라는 소리까지 들을 정도로 열정적이었습니다. 그만큼 순종을 잘했습니다. 마치 잘 길들여진 짐승처럼 모든 것에 맹종했습니다.

5장

# 잘 길들여진 짐승처럼
# 맹종하며 살았습니다

• • •

# 잘 길들여진 짐승처럼
# 맹종하며 살았습니다

**박경은**

가명 / 신천지 탈퇴

"전도특공대로 차출된 광주역에서의 2달은 정말 죽을 것 같이 힘들고 괴로운 나날이었습니다. 하루에 40~50개의 성구를 외워야 했습니다. 전도 특공대 교재설명을 듣고 그날그날 2~3과씩 외우고 완벽히 스피치 할 수 있어야 했습니다. 그것을 소화하지 못하면 그 다음날 어김없이 한 두 시간의 기합을 받았습니다. 기합을 받는 것은 나이와 전혀 상관이 없었습니다. 전도특공대에는 청년들만 있는 게 아니었습니다. 40~50대 되는 집사님들도 계셨지만 성적이 나쁘면 청년들과 함께 한 두 시간을 똑같이 기합을 받았던, 그곳은 말그대로 군대였습니다."

신천지 설립 기념 행사에서 공연중인 신도들

먼저 간증할 수 있도록 해주신 하나님께 영광 돌립니다. 저는 신천지 OOO지파에 있다가 구원받은 청년 박경은(24)입니다. 저는 목회자 가정에서 태

먼저 간증할 수 있도록 해주신 하나님께 영광 돌립니다. 저는 신천지 OOO지파에 있다가 구원받은 청년 박경은(24)입니다. 저는 목회자 가정에서 태어나 믿음 안에서 성장하면서 항상 은혜를 구하는 삶을 살았습니다. 대학교 입학을 하고 들뜬 마음으로 학교생활을 할 때였습니다. 제게 JMS 신도들 3명이 다가와 포교를 했습니다. 그 사람들이 주장하는 말을 듣고 '이단 같다'고 생각하는 동시에 '내가 신앙생활을 열심히 했지만 말씀에 대해 아는 게 너무 없구나!'란 생각이 들었습니다. 그래서 JMS를 만나고 나서부터 성경에 대해 더 많이 알고 싶어졌고 '체계적으로 성경을 가르쳐 주는 곳이 있었으면 좋겠다!'고 생각했습니다.

그런데 이런 갈급함이 있을 때 저는 신천지 사람들에게 포교를 당했습니다. 그 당시 이단에 대한 경계심이 컸던 저는 설문조사를 하는 사람들에게 이메일 주소만 가르쳐 주었습니다. 그들은 성경말씀이 담긴 이메일을 수시로 보냈고 저는 그 메일을 읽게 되었습니다. 저는 항상 대학 내에 신앙의 친구가 거의 없어서 고민하고 있었습니다. 수시로 보내오는 메일을 읽다보니 그들과 연락하게 되었고 드디어 만나게 되었습니다. 3~4번의 만남 끝에 그 사람들은 제게 '말씀을 체계적으로 배워보지 않겠느냐'고 제의했습니다. 평소 성경공부가 필요하다고 느꼈던 저는 오히려 기회다 싶어 쾌히 승낙했습니다. 그러나 저는 늘 바빠서 성경공부에 자주 참여하지 못했습니다. 남들은 3개월이면 마치는 복음방 과정(신천지 신학원에 들어가기 전 단계에 진행하는 성경공부)을 1년 동안이나 하게 되었습니다.

그런 저를 신천지측에서는 목사님의 딸이고 시간도 바쁜 사람이니 그냥 탈락시키자고 했다고 합니다. 그러나 저를 담당하는 관리자는 포기하지 않았습니다. 그들이 볼 때 저는 까다로운 사람이긴 했습니다. 비유풀이를 배울 때 세례요한이 배도자라고 했는데 납득이 가지 않았습니다. '왜 세례요한을 배도자라고 할

까? 모든 기독교 서적엔 순교자라고 나와 있는데? 성경에도 선지자라고 인정하는데?' 그러한 의문으로 저는 항상 가르치는 자에게 세례요한에 대해 따졌고 그때마다 같은 대답을 들었습니다. 시간이 지나면서 저는 '세례요한은 배도자다'라고 합리화를 시키게 됐습니다. 성경공부를 계속 하면서 배도, 멸망, 구원이라는 순서대로 구원자를 보낸다는 신천지의 주장이 믿어졌고 그곳에서 대학친구들을 만나 그들과 정을 쌓으며 신천지 신학원에까지 가게 되었습니다. 처음엔 의심을 했지만 성경공부를 계속하면서, '신천지는 이단이 아니다'라는 생각을 하게 되었습니다. 그러나 신학원을 다니면서 고민이 많았습니다. 아빠가 목회자였기 때문입니다. 목회하는 아빠를 생각하면서 많이 울었지만, 가족을 구원하기 위해선 저라도 신천지에서 제대로 신앙생활을 해야 한다는 생각에 어떤 사람들보다 더 열심히 강사의 말을 녹취하며 수업을 들었습니다. 수업의 결론은 이만희 교주가 이 시대의 구원자이며 계시를 받은 보혜사요, 사도요한격 목자라는 것이었고, 계시록 2, 3장에서 약속한 이긴자라는 것이었습니다.

그리고 이만희 교주가 세운 신천지 12지파 증거장막성전은 이 시대의 천국이라는 것이고 그리스도와 왕 노릇 하는 14만4천에 포함되려면 열매를 꼭 맺어야 한다는 것이었습니다. 수료를 하니 구역장은 제게 새 식구를 포교하기 위해 동호회를 하나 만들라고 했습니다. 저는 순종하여 아카펠라 동호회를 만들었습니다. 장소가 없어 J대 예대 연습실에서 추위와 싸우며 모임을 준비했고 사람들을 섭외하며 친분을 쌓는 방법으로 동호회를 활성화시켰습니다. 그러던 중 새로 들어온 형제가 신천지라는 것이 가족에게 발각됐고 이단상담소에서 상담을 하게 되었습니다. 그 형제는 신천지의 교리가 잘못되었다는 것을 깨닫게 되면서, 그 형제로 인해 제가 신천지라는 게 들통 나게 됐습니다. 가족들에게 신천지라는 게 탄로 나자 저는 세탁소에 옷 좀 맡기고 오겠다고 거짓말을 하고는 교통카

드와 옷을 들고 집을 나와 버렸습니다. 저는 집에서 나와 핸드폰을 끄고, 신천지 구역장을 만나러 갔고, 구역장은 '잘했다'며 반겨주었습니다.

저는 자유롭게 신천지측 창립 기념집회에 참석할 수 있다는 기쁨만 생각했습니다. 저의 가출로 애타는 부모님의 심정은 생각조차 하지 않았습니다. 집회가 끝나자 엄마가 전화를 하셔서 간곡하게 집으로 돌아오라고 매달렸습니다. 저는 다시 집으로 들어갔고 부모님의 권유로 이단 상담소에 상담을 받으러 가게 되었습니다. 저의 첫 번째 이단상담은 저의 거센 반항과 비웃음과 불량한 태도로 인해 실패로 돌아갔습니다.

그 후 부모님께서 자고 계신 새벽에 편지를 써놓고 다시 가출을 하게 됐습니다. 저는 바로 J대 후문에 있는 신천지측 사무실에 가서 J대 부장과 간사, 영적 엄마를 만났고, 그들은 저를 격려했으며, 저에게 이단상담소에서 받은 상담 내용이 무엇인지를 물어보았습니다. 저는 스스로 반증하면서 들었던 말씀들을 그들에게 쏟아냈고, 그들은 저를 청년회장에게 데리고 가서 보고를 하였습니다.

그 후 저는 신학원에 가서 담당 강사와 전도사에게 보고를 하고 재수강을 하게 되었습니다. 가출한 처음에는 너무 막막했지만 이후 과외자리가 들어오고 열매를 맺고, 살 집이 해결되고, 핸드폰이 생기고 모든 것이 다 해결되면서 내 선택이 맞았다고 스스로에게 최면을 걸었습니다. 그런 후 저는 안산에서 상담을 받고 말씀으로 이기고 나왔다는 ○○언니와 함께 신천지에서 승리의 간증을 하게 되었습니다. 이런 과정을 겪으며 저의 신천지에 대한 확신은 더욱더 굳어졌고 믿음은 커져 갔습니다. 그렇게 저의 1년 반의 가출생활은 시작되었습니다. 집과 연락을 끊고 살다가 어느 날 이메일을 보았습니다.

할아버지께서 돌아가셨다는 소식이었습니다. 그것은 저를 집으로 불러들이기 위한 속임수라 생각하며 집으로 가지 않았습니다. 외할아버지까지 돌아가시는 일이 연달아 일어났다는 소식도 들렸습니다. 이때는 사실임을 확인하고 그것을 같이 사는 신천지 간사에게 말했지만 '가지 않는 게 좋겠다'는 답을 받았습니다. 너무 죄송하고 마음이 아팠지만 모른 척하며 집으로 돌아가지 않았고, 복학하라는 가족들의 말도 무시한 채 학교도 휴학을 했습니다. 이렇게 가족과 연을 끊다시피 신천지에서 생활하면서 저는 팀장, 새 식구 팀장, 신천지 전도특공대로 활동하게 됐습니다. 그 3년의 시간동안 많은 일이 있었습니다.

신천지 사람들은 그 안에서 좋은 것만 있다고 생각합니다. 그곳에서 죽는 사람이 아무도 없는 육체영생이 이뤄진 곳인 줄로만 압니다. 그러나 그들이 말하는 신천지에서는 사람들이 죽어나가고 장기 결석자들로 인해 심방만 담당하는 팀이 따로 있을 만큼 힘들고 험한 생활을 합니다. 신천지 청년회의 사명자들은 시간만 되면 정신훈련을 한다며 야간 산행을 했고, 저희 부서는 근처 공원에서 비가 오나 눈이 오나 정신이 해이해졌다는 이유로 기합 아닌 기합을 받았습니다. 이러한 체제 속에 OOO지파 사람들은 항상 타 지파에 모범이 되었고, 신천지 전국체전 응원상을 받을 때는 외국에서 온 사람들에게 '저 사람들은 북한에서 온 지파입니까?'라는 소리까지 들을 정도로 열정적이었습니다. 그만큼 순종을 잘 했습니다. 마치 잘 길들여진 짐승처럼 모든 것에 맹종했습니다.

제가 지파 사명자 교육을 받을 때는 매일 성구 30개 정도를 새로 외웠습니다. 복음방 교안은 입에서 줄줄 나올 정도로 암기했습니다. 계시록을 한 장씩 정리하면서 계시록 전체 22장을 막힘없이 강의할 수 있어야 했습니다. 만약 그렇게 하지 못하면 다른 사람들이 교육받을 때 뒤에서 한 두 시간 가량 기합을 받았습니다. 그래서 항상 두세 시간을 자면서 공부했고 사명자 교육을 마치게 되었습니다. 그 후 신천지 총회에서는 "OOO 지파는 전도 특공대 100인을 뽑아서 전도에 미약한 타 지파를 도우라"고 명령이 내려왔습니다. 그래서 청년회 각 부서의 부서장들은 신청을 받았고, 신청자가 거의 없자 결국에는 부서장 권한으로 회원들을 차출하였습니다.

그때 저희 부서 부서장은 4명의 사람들을 뽑았고 거기에 저는 합류됐습니다. 두 달 가량의 교육을 받기 위해 광주역 인근 신학원으로 제 거처를 옮겨 합숙하게 되었습니다. 저뿐 아니라 많은 청년들이 직장을 그만두고 살던 집을 처분하고 광주역 합숙장소로 모이게 되었습니다. 그때 제가 복음방으로 인도해 주었던

새 식구 회원이 집에서 신천지라는 사실
이 들통 났습니다. 이로 인해 제가 가출
해 있던 곳도 가족들에게 알려지게 되었
습니다. 마침 서울에서 경찰을 하시던 삼
촌이 휴가차 내려오셔서 제가 신천지에
빠진 것을 알게 되었습니다. 삼촌은 쉬고

싶은 휴가 기간을 저를 찾으며 보냈습니다. 제가 원래 살았던 곳에서 밤낮 잠복
근무를 하며 저를 찾으려 했지만 저는 이미 거처를 광주역 근처로 옮기고 난 후
라서 저를 찾을 수가 없었다는 소식을 나중에 들었습니다.

　전도특공대로 차출된 광주역에서의 2달은 정말 죽을 것 같이 힘들고 괴로운
나날이었습니다. 하루에 40~50개의 성구를 외워야 했습니다. 전도 특공대 교재
설명을 듣고 그날그날 2~3과씩 외우고 완벽히 스피치 할 수 있어야 했습니다.
그것을 소화하지 못하면 그 다음날 어김없이 한 두 시간의 기합을 받았습니다.
기합을 받는 것은 나이와 전혀 상관이 없었습니다. 전도특공대에는 청년들만 있
는 게 아니었습니다. 40~50대 되는 집사님들도 계셨지만 성적이 나쁘면 청년들
과 함께 한 누 시간을 똑같이 기합을 받았던, 그곳은 밀 그대로 군대였습니다.
그래서 언젠가는 이웃의 신고로 경찰이 찾아온 적도 있었습니다.

　저는 기합을 받지 않기 위해서 열심히 공부했고 하루에 많이 자면 1시간, 평균
30~40분을 자면서 공부했고, 그 결과 기합을 거의 받지 않았습니다. 강사는 전도
특공대원들에게 잠을 자라고 말만 할뿐 밤이 되면 저희가 공부하는 곳에 와서 저
희를 체크해 갔습니다. 그 때문에 저희는 맘 놓고 잠을 잘 수가 없었습니다. 수요
예배와 주일예배 시간이 되면 항상 졸 수 밖에 없었습니다. 강사로부터 "예배 시
간에 졸지 말라"는 질책과 정신교육을 또다시 받게 되었습니다. 저희가 해이해
질 것 같으면 지파장이 와서 정신교육을 했고, 교육 때마다 졸음을 참지 못하는
저희를 보고 신천지 측에서는 116명의 전도특공대원 모두에게 영양제를
놔주었습니다.

그렇게 2달의 시간은 흘러갔고 잠을 자지 못함으로 간이 붓고 온몸이 붓게 되었습니다. 교육이 끝나고 저는 50명의 다른 대원들과 실전교육을 위해 군산으로 보내졌습니다. 거기에서도 비슷한 생활은 이어졌습니다. 저는 전체 서기 일을 맡아 신천지 전도특공대원 60명이 포교대상자로 삼은 섭외자 600명 정도의 리스트를 정리하면서 또다시 밤을 새며 컴퓨터 앞에 앉아 있어야 했습니다. 그러다 일이 많아지자 서기 일을 분배하여 각 조별로 서기를 두었지만, 늘어나는 섭외자들을 정리하는 일은 여전히 과도했습니다. 서기 일을 하면서도 하루에 1시간 정도를 자면서 섭외자를 확보하기 위해 군산 시내 곳곳을 돌아다녔습니다. 하루 종일 구두를 신고 걸어 다니다 밤에 복귀를 하면 다리는 부어 있었고, 몸에 힘이 하나도 없었습니다. 그리고 잠을 못자서 얼굴색은 점점 어두워져만 갔습니다. 정신력으로 2주 정도 그렇게 살다보니 몸도 적응을 하더군요. 토요일이 된다고 쉴 수 없었습니다. 해이한 정신을 바로잡아야 한다는 명목 하에 새벽 6시에 근처 학교 운동장에 가서 1~2시간씩 정신훈련을 받았습니다.

저희는 30~40대 신앙인만 전도하는 전도 특공대였습니다. 이유인즉 20대는 믿음도 없고 세상 욕심이 많으니 하지 말라는 것이었고 50대 이상은 일할 수 없다는 이유로 포교 대상에서 제외했습니다. 그 말을 듣는 순간 저는 그들은 필요 없으니 하지 말라는 소리로 들렸습니다. 결국 신천지에 와서 열심히 일할 수 있는 자들만 포교하라는 것이었습니다. 너무 어처구니가 없었으나 순종이 제사보다 낫다는 삼상 15:22 말씀을 합리화시키며 우리는 그 말에도 순종했습니다. 군산으로 간 지 3주째가 되자 모든 특공대원들의 1차 결과가 나왔습니다. 그러나 계획했던 것을 이룬 사람은 매우 적었습니다. 그에 대한 대가는 매서웠습니다. 하루 종일 포교활동에 지친 저희들은 밤 12시에 복귀하자 담당 강사의 명령에 따라 근처 학교 운동장을 20~30바퀴를 뛰어야 했습니다. 저희는 약간의 몸 풀기를 한 후 2시간 정도를 뛰게 되었고, 그렇게 죽을 힘을 다해서 뛰고 난 후 숙소로 돌아와 씻고 잠자리에 들려고 하면 새벽 4시 정도가 되었습니다.

1시간을 자고 난 후 아침에 교육을 받으며 다시금 하루를 시작하였습니다.

길을 가다가 괜히 '집사님!' 하고 외쳐보기도 하고 옷에 없는 먼지를 털어주며 친절을 베풀고 한사람을 찍어서 계속 따라다니며 기회를 엿보기도 했습니다. 그러다가 저희 조원들 중에 한명은 경찰서에 잡혀가서 조사를 받기도 했습니다.

전도특공대원 모두는 기성교회에 들어가 추수꾼으로 가장하여 활동했고 저 역시 4군데의 교회에서 추수꾼으로 활동했습니다. 4곳에서 활동하기 위해 많은 거짓말을 했고, 각각의 교회에 거짓이 들통 나지 않기 위해 교회마다의 내 콘셉트를 적어놓고 갈 때마다 숙지하고 완벽한 연기를 하기 위해 최선을 다했습니다. 그렇게 활동하면서 섭외자 복음방을 하게 되었고, 추석이 되어 휴가를 받아 광주로 오게 되었습니다. 그때를 전후로 같은 부서에 있었던 ○○자매가 가족에게 돌아갔다는 소식을 들었습니다. 신천지에 모든 걸 헌신하며 살던 ○○자매를 잘 알았던 저는 큰 충격을 받았습니다. 이를 두고 저는 '○○자매가 믿음의 부족도, 말씀에 대한 불신도 아닌 가족에게 이기지 못해서 돌아갔구나! 생각했고 '절대 나는 가족에게 매이지 말자'고 마음을 다잡았습니다.

추석 휴가를 보내고 복귀하면서 문제가 발생했습니다. 휴가 후 군산으로 복귀하는 도중 도로가 막혀 버스가 늦어졌고 복귀시간에 저는 10분 정도를 지각하게 됐습니다. 이 때 담당 강사는 저희들을 군기가 빠셨나면서 복귀 첫날부터 기합을 주었습니다. 그렇게 군산에서의 10월이 시작되었고, 그와 동시에 저에 대한 하나님의 계획도 시작되었습니다. 10월이 되자 군산에 있는 모든 교회들에 비상이 걸렸습니다. 신천지에 대한 경계에 모든 신천지 신도들은 긴장의 끈을 놓고 있지 않았습니다. 4~5주 정도 안에 교회에 처음 온 사람들은 모두다 의심을 받게 되었고, 교회마다 신천지 색출 작업이 시작되었습니다. 그러다 저와 함께 추수꾼으로 활동하던 자매와 주일 예배를 마치고 복귀하는 도중에 누군가 뒤에서 미행하고 있다는 것을 느꼈습니다. 우리는 그들을 따돌리기 위해 옆에 보이는 아파트로 들어갔습니다. 그렇게 미행을 따돌리고 아파트를 나오려고 할 때 아파트 주민 중 한명이 우리를 도둑으로 몰았습니다. 그 이유는 4주간 여섯집이 털렸는데 우리는 모르는 사람이고, 도둑들이 하는 행동과 같다는 것이었습니다. 그래서 경찰이 왔고 우리는 연고도 없는 군산에 왜 왔느냐는 질문부터 여러 곤란한 질문에 대답을 하게 되었습니다.

결국에는 신원조회를 하게 되었습니다. 그러면서 제가 있는 곳이 집에 알려지면서 부모님께서는 군산으로 올라오게 되었습니다. 부모님은 광주에서 기자 생활을 하는 외삼촌과 경찰인 삼촌, 군산 경찰의 도움을 받아 저를 신천지 군산 지회에서 데리고 나오셨습니다. 강사는 처음에는 저를 숨겨줄듯 하더니 결국은 저를 내주었고, 어차피 기대하지 않았던 저는 부모님을 따라 외삼촌의 차에 몸을 실었습니다.

저를 보신 외숙모는 "저게 사람 얼굴이야? 곧 죽을 사람 얼굴이다"라며 우셨습니다. 저는 일 년 육 개월 만에 처음 보는 부모님께 반갑게 인사하기는커녕 싸늘하게 "이단 상담소 가려고? 가자!"며 체념하듯 차속에서 계속 잠만 잤습니다. 그때는 '드디어 때가 되었다. ○○언니도 이단상담소를 갔다 왔는데 나는 이번만 더 버티자. 부모님을 포기하게 만들어야겠다!' 라는 생각을 했습니다.

상담을 받는 첫날부터 저는 아무 말도 하지 않았고, 한 달을 버티기 위해 몸에 힘을 다 빼고 최소한의 에너지만을 사용하기로 했습니다. 당연히 버텨야 한다는 생각에 음식도 잘 먹었습니다. 저는 최대한 상담자들을 짜증나게 만들었습니다. 때로 그들을 무시했고 비웃었습니다. 둘째 날이 됐습니다. 한국기독교이단상담소협회장인 진용식 목사님이 제 눈앞에 나타났습니다. 저는 흔들리지 않았습니다.

상담 내내 일관된 태도로 그들을 대했고, 웃지도 않았고 말도 하지 않았고, 청년들이 교제하러 다가오면 잠을 자거나 자리를 피했습니다. 목사님 앞에 성경책을 던지는가 하면 상담 강사에게는 대들었습니다. 그러나 그분들은 이러한 행동을 한 저를 항상 따뜻하게 대해주셨고, 항상 제 영혼에 대해서 걱정해주셨습니다. 솔직히 저는 신천지에 있을 때 말씀이 많이 바뀌어간다는 것을 알긴 했습니다. 몇 가지는 틀린 것도 있다는 것을 은연중에 알고 있었습니다. 그러나 그외에 많은 말씀들이 맞았고, 신천지가 진리가 아니라는 것은 상상하지 못할 일이었기에 틀린 말씀들을 설명해주어도 저와는 상관이 없다고 생각했습니다. 그만큼 세뇌가 잘 되어 있었고, 전도특공대에서 몸에 익힌 모든 것들이 저를 더 강하게 만들었습니다.

그러다 2주째 되는 금요일, 청년들과의 교제를 통해 신천지측에 많은 거짓이 있다는 것을 발견하기 시작했습니다. 저는 그날로 어머니께 다시 제대로 상담을 받겠다고 고백했습니다. 다음날 주은혜 전도사님을 통해, 확신했던 신천지의 실상이 틀렸다는 것에 더욱 충격을 받게 되었습니다. 그 후로 저의 태도는 돌변했습니다. 이러한 저를 보고 진용식 목사님은 당황해하셨고, 제가 '속았다'는 말을 하자 강사님들은 매우 좋아하셨고 목사님께서도 기뻐해주셨습니다.

저는 그날 바로 구원론까지 듣게 되었습니다. '구원은 행위로 되는 것이 아니요 하나님의 선물이고 은혜!'라는 말씀에 저는 한동안 울었습니다. 그동안 저는 '포교를 많이 하고 열매 맺어서, 비유를 많이 알아서 구원 받으려고 했구나!'라고 잘못을 깨닫게 되었고, 신천지에서 잃어버렸던 예수님의 십자가 사건과 눈물을 다시 찾게 되었습니다. 3년 동안 이만희 교주를 믿으며 우상 숭배했던 저를 하나님께서는 당신의 큰 계획 속에서 다시 건져주셨습니다. 주님께 저의 죄를 회개하고 감사드립니다.

지금은 너무도 행복하고 감사합니다. 그리고 항상 따뜻하게 맞아주신 상록교회 성도님들과 교제해 준 청년들에게 고맙고 진용식 목사님과 강사님들께는 죄송하면서 너무 감사드립니다. 그리고 저를 위해 모든 비웃음을 참으면서 상담하셨던 분들께도 사죄드리며 감사드립니다. 그리고 마지막으로 제가 비록 이단이라는 곳을 택했고 그곳에 빠져 있었지만 항상 지켜주시고, 사랑해주셔서 이러한 계획 속에서 저를 다시금 아버지의 품으로 이끄신 하나님께 감사와 영광을 올려드립니다.

처음 봤을 때 저는 진 목사님을 우습게 생각했습니다. 전도할 때 기성교회 목사님들을 만나보았지만 성경에 대해 별로 아는 것이 없다고 생각했기 때문입니다. 성경에는 안식일이 예배일이라고 나와 있다고 제가 말하자 진 목사님은 일요일 예배에 대한 근거가 성경에 있다고 반박했습니다. 그러면서 목사님이 차근차근 안상홍 증인회의 주장과 정통교회의 반증을 비교분석해 주셨습니다. 시간이 흐르면 흐를수록 목이 수그러지고 힘이 빠져 버렸습니다. 가르침을 받은 모든 것이 하나씩 하나씩 껍질이 벗겨져 속 안이 보이기 시작했습니다. 허망함, 허탈함을 인정하기 싫었습니다. 그 동안 열심히 전도도 했는데 이곳이 이단이면 나는 어떻게 되는 건가? 인정하기가 죽기보다 더 싫었지만 그래도 하나님의 말씀 앞에 고개를 숙여야 했습니다. 잘못된 교리에 속았음을 인정하자 헉! 하고 참았던 눈물이 나왔습니다.

# 그래도 하나님의 말씀은
# 인정해야 했습니다

# 6장

# 그래도 하나님의 말씀은 인정해야 했습니다

송민희 집사
가명 / 안상홍 증인회 탈퇴

"성경에는 새 이름이 있고, 육하원칙에 의해 재림하는 그리스도가 있고, 또한 어머니 하나님도 있는 것처럼 믿어졌습니다. 그 아주머니는 말로만 하는 게 아니고 해당 성경구절을 늘 꼼꼼히 찾아서 증거를 대듯이 보여줬습니다. '정말일까?'하고 의심도 했지만 만약에 사실이라면 나만 구원 못받고 지옥 갈 거라는 두려움에 저는 그들의 가르침을 따라 안상홍 증인회에 출석하기로 했습니다. ··· 안식일도 지키고 삼일 예배도 드렸습니다. 유월절을 처음 지킬 때에는 너무도 엄숙하고 경건했습니다. ···남편에게 들키지 않기 위해 가게는 아르바이트 학생을 써가며 거짓말하면서까지 안식일을 지키게 되었습니다."

12월 25일에 교주의 성탄을 기념한다며 플래카드를 내건 안상홍 증인회

저는 모태신앙이었지만 구원의 확신이 없었던 사람입니다. 신앙생활을 제대로 할 리가 없었지요. 그러던 어느 날 어떤 아주머니가 저희 가게로 들어왔습니다. 같은 건물에 살고 있다면서 친하게 말을 걸어 왔습니다. 장사가 잘 되느냐고 물어 보면서 가게에 있는 성경책을 보더니 교회에 다니느냐고 물었습니다. 저는 지금은 쉬고 있지만 앞으로 다닐 거라고 했습니다. 그러자 그녀는 "하나님의 법에 대해 알고 있어요?"라고 물었습니다. "잘 모르겠다"고 하자 그녀는 일반 기성교회의 잘못된 점을 지적하기 시작했습니다. "일요일 예배와 크리스마스는 '태양신 숭배', 십자가는 '우상 숭배'"라면서 "성경에 없는 것이다"고 비판했습니다.

　　저는 처음 듣는 내용이라 이상하다고 생각하면서도 아주머니의 말을 귀담아 듣게 되었습니다. 아주머니가 보여주는 성경에는 실제로 일요일이 아닌 안식일, 크리스마스가 아닌 유월절만 증거해 줬습니다. 게다가 이를 뒷받침하는 역사적 자료를 제시하는 것이었습니다. 며칠 동안 그 아주머니의 이야기를 들으니 저는 어느새 '이제야 진리를 알게 됐구나'라고 생각할 정도가 됐습니다.

　　너무도 새로운 것이 많았습니다. 성경에는 새 이름이 있고, 육하원칙에 의해 재림하는 그리스도가 있고, 또한 어머니 하나님도 있는 것처럼 믿어졌습니다. 그 아주미니는 말로만 하는 게 아니고 해당 성경구절을 늘 꼼꼼히 찾아서 증거를 대듯이 보여줬습니다. '정말일까?'하고 의심도 했지만 만약에 사실이라면 나만 구원 못 받고 지옥 갈 거라는 두려움에 저는 그들의 가르침을 따라 안상홍 증인회에 출석하기로 했습니다. 다른 책도 아닌 성경에 있다는 것을 확인했으므로 믿지 않을 수 없게 되었습니다.

　　안식일도 지키고 삼일 예배도 드렸습니다. 유월절을 처음 지킬 때에는 너무도 엄숙하고 경건했습니다. 유월절의 떡과 포도주를 먹으면 모든 재앙을 면케 하시고 그 날에 먹는 떡과 포도주만이 영생을 주신다는 요한복음 6장 53절 말씀을 믿고 또 믿었습니다. 남편에게 들키지 않기 위해 가게는 아르바이트 학생을 써가며 거짓말하면서까지 안식일을 지키게 되었습니다. 그곳에는 저같이 남편 몰래 다니는 여성들이 많았습니다. 나중에 들켜서 두들겨 맞아서 퍼렇게 멍이 들어서 오는 사람도 있었고 남편이 직접 교회를 찾아와 때리고 머리채를 잡아 흔들고 질질 끌고 가는 사람도 있었습니다.

그럴 때마다 신도들은 울면서 안상홍 증인회의 하나님께 기도했습니다. 마귀들을 물리쳐 달라고 말입니다. 어떤 집사님 남편은 교회에 와서 행패를 부린 후에 교통사고가 났는데 하나님(안상홍, 장길자)께서 치신 것이라고 했습니다. 하나님의 자녀를 괴롭히면 온전할 수 없다고 했습니다.

저에게도 어느덧 핍박이 다가왔습니다. 남편이 제 가방을 뒤져 '새 노래(안상홍 증인회에서 사용하는 노래책)'를 보았던 모양입니다. 남편의 비난이 쏟아졌습니다. 남편은 "무슨 사람이 하나님이야? 안상홍이 도대체 누구야? 네가 제 정신이냐? 정신 차려라!"고 소리를 질렀습니다. 저는 처음엔 두려웠지만 나중엔 남편을 이해시키려고 노력했습니다. 성경은 재림 예수님을 증거한다, 안상홍 증인회는 성경대로 하는 교회다, 다윗의 위로 오신 분이 바로 그분이다, 성경에는 안식일·유월절이 있다고 마구 떠들어댔습니다. 그리고 제 말이 틀리다고 증명해 주는 목사님이 있으면 그 교회를 다니겠다고 했습니다.

이 말을 듣고 남편은 저 몰래 그런 목사님을 수소문하기 시작했습니다. 결국 만난 분이 한국기독교이단상담소협회의 진용식 목사님이었습니다. 처음 봤을 때 저는 진 목사님을 우습게 생각했습니다. 전도할 때 기성교회 목사님들을 만나보았지만 성경에 대해 별로 아는 것이 없다고 생각했기 때문입니다. 성경에는 안식일이 예배일이라고 나와 있다고 제가 말하자 진 목사님은 일요일 예배에 대한 근거가 성경에 있다고 반박했습니다. 그러면서 목사님이 차근차근 안상홍 증인회의 주장과 정통교회의 반증을 비교분석해 주셨습니다.

시간이 흐르면 흐를수록 목이 수그러지고 힘이 빠져 버렸습니다. 가르침을 받은 모든 것이 하나씩 하나씩 껍질이 벗겨져 속 안이 보이기 시작했습니다. 허망함, 허탈함을 인정하기 싫었습니다. 그 동안 열심히 전도도 했는데 이곳이 이단이면 나는 어떻게 되는 건가? 인정하기가 죽기보다 더 싫었지만 그래도 하나님의 말씀 앞에 고개를 숙여야 했습니다. 잘못된 교리에 속았음을 인정하자 헉! 하고 참았던 눈물이 나왔습니다.

그러나 곧 눈물을 그쳤습니다. 아직도 풀리지 않은 것이 많았으니까요. 다음날 진 목사님을 다시 만날 것을 약속하고 상담이 끝난 후 밤늦게 돌아왔습니다. 그러나 잠을 자고 나니 마음이 돌변했습니다. 이제 이단 상담을 받지 않겠다고 남편과 실랑이를 벌이기 시작했습니다. 결국 남편은 포기한 듯 밖으로 나가버렸습니다.

저는 스스로 성경을 펴고 유월절을 다시 살펴보기로 했습니다. 마태, 마가, 누가복음을 통해서 예수님께서 지키셨다고 하는 유월절을 살펴보았습니다. 그리고 예수님께서 돌아가신 날이 유월절 예비일이라고 기록된 것을 알게 되었습니다. '아! 그랬구나!' 모든 의문이 풀렸습니다.

안상홍 증인회 하나님의 교회에서는 1월 14일을 유월절이라고 하면서 그 날 먹는 떡, 포도주만이 영원한 생명을 가질 수 있다고 가르칩니다. 그래서 그 날 떡과 포도주를 먹지 않으면 영생을 얻지 못한다고 말합니다. 그러나 이젠 확실히 알았습니다. 예수님께서 1월 14일 유월절을 지키지 않았기 때문에 나도 지킬 필요가 없다는 것을 말입니다. 그리고 그건 우리의 구원과 아무런 상관이 없다는 것도 말입니다. 이제서야 저는 참으로 편안해졌습니다. 하나님의 교회에서 가르치는 모든 가르침이 진리였다고 생각하고 받아들였지만 이젠 분명해졌습니다. 첫 단추를 잘못 끼우면 다 잘못된다는 것을…

성경을 읽다가 저는 남편에게 흥분된 목소리로 말했습니다. 진 목사님을 만나겠다고 말입니다. 저는 진 목사님을 만나고 그제야 사람의 구원이 어떻게 이루어지는지 알았습니다. 율법을 지켜야, 행해야 구원받는 것이 아니고 하나님께서 저를 긍휼히 여기셔서 은혜로 구원받는다는 것을. 아버지의 뜻이 계명을 지키는 것인 줄 알고 율법을 지켜 구원을 얻는 것이라고 생각했습니다. 그러나 성경은 내 아버지의 뜻은 아들을 보고 믿는 자마다 영생을 얻는 것이라고 말씀합니다. 이 소식을 듣고 믿음으로 저도 새로운 모습으로 거듭났습니다. 예수님의 그 십자가의 피로써 정결케 되었으니까요. 이제는 이단에 빠져 유리, 방황하는 저와 같은 사람들을 열심히 도와서 성경은 오직 예수님만을 증거한다는 것을 알리는 복음의 일꾼이 되겠습니다.

그런데 입학식 날 어떤 선배가 제게 말을 걸어왔습니다. 동아리에 가입할 것을 권유했지만 설령 동아리에 가입하지 않더라도 선배로서 저를 만나주겠다는 것이었습니다. 저는 선배가 말을 걸어준 것만으로도 너무 기뻤습니다. 아무 거리낌없이 제 번호를 알려줬고 다시 만날 약속을 잡았습니다. 학기가 시작하고 그 선배를 다시 만나게 됐습니다. 선배는 제게 대학교에 와서 마냥 놀지만 말고 인생을 생각하면서 살라는 등의 좋은 이야기를 해주었고, 몇 번의 만남 후에 성경이 얼마나 좋은 책인지 가르쳐주며 성경공부를 하자고 했습니다.

# 7장

# 친근하게 다가온 선배가
# JMS였습니다

• • •

## 7장

# 친근하게 다가온 선배가
# JMS였습니다

### 오정희 자매
가명 / JMS 탈퇴

"저는 JMS에 더 깊이 빠져들수록 예수님과 교주를 더 동일시했습니다. 심지어는 예수님을 넘어서는 위치에까지 교주를 높여버렸습니다. 하지만 이미 저는 그 집단에 대한 비판적인 생각을 할 수 없는 상태로 빠져 있었습니다. 신도들과 함께 교주를 높이고, 사랑하고, 찬양했습니다.

그리고 교주의 말을 따라서 제 삶을 다 바쳐서 구원, 곧 휴거라는 목표 한 가지를 위해서 살아야 한다고 스스로를 채찍질하기 시작했습니다. ···새벽 1시에 일어나서 기도하고, 매년 1명 이상씩 전도하고, TV나 인터넷 등의 미디어를 봐서는 안 되고, 특히 이성과 허락받지 못한 교제는 절대로 하면 안됐습니다. 그 삶은 성취감과 만족감을 주는 동시에 불안과 죄책감을 주었습니다."

2018년 2월 18일 감옥에서 출소한 정명석 교주

저는 오늘 이 자리에서 제가 이단으로부터 빠져나오게 된 이야기를 간증하려 합니다. 정통교회로 돌아오기 전 저는 약 7년간 JMS에 빠져 있었습니다. 제가 JMS를 처음 만나게 된 것은 2009년, 대학교에 갓 입학하던 날이었습니다. 그 당시 저는 대학교에 입학하면서 설레는 마음과 함께 두려움도 있었습니다. 저희 학교는 개인주의가 강하기로 유명한 학교로 잘못하면 4년 내내 친구를 한명도 못 사귄다, 선배에게 밥 얻어먹기가 힘들다는 소문이 자자했습니다. 저는 원체 성격이 소심해서 적극적으로 누군가에게 다가가지 못하는 사람이었습니다. 그리고 대학교 합격 후 OT나 MT에 참여하지 않아 아는 사람이 한명도 없었기 때문에 진짜 4년 내내 친구 한명도 못 사귀고 졸업하는 것이 아닐까 하는 두려움이 많았습니다.

그런데 입학식 날 어떤 선배가 제게 말을 걸어왔습니다. 동아리에 가입할 것을 권유했지만 설령 동아리에 가입하지 않더라도 선배로서 저를 만나주겠다는 것이었습니다. 저는 선배가 말을 걸어준 것만으로도 너무 기뻤습니다. 아무 거리낌없이 제 번호를 알려줬고 다시 만날 약속을 잡았습니다. 학기가 시작하고 그 선배를 다시 만나게 됐습니다. 선배는 제게 대학교에 와서 마냥 놀지만 말고 인생을 생각하면서 살라는 등의 좋은 이야기를 해주었고, 몇 번의 만남 후에 성경이 얼마나 좋은 책인지 가르쳐주며 성경공부를 하자고 했습니다.

저는 원래 무교에다가 기독교 자체를 썩 좋아하지 않았습니다. 기독교 교리 중에 도저히 믿을 수 없는 것들이 많았고 제가 커오면서 봐왔던 기독교인들의 삶도 별로 본이 될 만하지 못했기 때문입니다. 하지만 저희 학교가 기독교 학교인데다 종교를 가지지 않더라도 대학생이 됐으니 인문학적으로라도 성경은 한번은 읽어봐야겠다는 생각을 했습니다. 게다가 그 선배에 대해서 좋은 인상을 갖고 있었기 때문에 성경을 배워보기로 결심했습니다. 그 후 그 선배는 저희 과 선배를 소개해주며 그 선배에게 성경을 배우도록 했고, 저희는 1주일에 한 번씩 만나서 맛있는 음식도 사 먹고 성경 공부도 했습니다. 그 선배는 저와 성격도 잘 맞았고, 대학생활에 적응하거나 수업 과제를 하는 것도 잘 도와준데다 맛있는 것도 많이 사줬기 때문에 저는 그 선배를 엄청 좋아하게 됐습니다. 처음에는 성경에 대한 거부감도 있고, 귀찮기는 했지만 그 선배를 좋아하는 마음에 성경을 배우다보니 그런대로 들을 만 했고 제가 성경에 대해서 부정적으로 생각했던 부분에 대해 선배는 납득이 가도록 친절하게 설명해주었습니다.

예를 들어 학교에서는 진화론을 배웠는데 성경에서 아담과 하와가 최초의 인류라고 하는 걸 들으니 믿음이 가지 않았습니다. JMS 선배는 이런 궁금증에 대해 아담과 하와는 최초의 인류가 아니라 종교의 조상이라고 했고, 천지창조가 6일 만에 일어난 것이 아니라 하나님이 모세에게 모든 과정을 다 과학적으로 설명할 수 없으니 6일이라고 대략적으로 설명한 것이라고 말했습니다. 또, 저는 누구나 믿는 것만으로 모든 죄를 용서받고 구원을 받는다면 불공평하다고 생각했는데 JMS에 다니는 선배는 사람이 자기 할 책임을 다해야 구원받을 수 있다고 설명해 줬습니다. 그런 이야기를 들으니 제가 그동안 기독교에 대해 가지고 있던 의문들이 속 시원하게 풀리는 것을 느꼈습니다.

성경 공부를 하면서 제가 기독교에 대해서 오해하고 있었다고 인정했고 그렇게 10개월쯤 배우니 어느새 저는 하나님의 존재를 믿게 됐습니다. 2009년 12월 말에는 JMS 집회에도 참석하게 되었고, 수료도 하게 되었습니다. 제가 다니게 된 교회는 JMS교회 중에서도 특수하게 저희 학교 학생들로만 이루어진 작은 교회였습니다. 그 속에서 같은 학교 친구와 선배들을 만나게 되니 교회에 적응하는 건 매우 쉬웠습니다. 처음 학교에 입학했을 때 가졌던 고민들은 말끔히 사라져버렸습니다.

제가 처음 교회를 다니게 됐던 2009년~2010년에는 정명석 교주가 실형을 선고받고 감옥에 있을 때였습니다. 이때 JMS측은 예수님을 전면에 드러내는 모습이었습니다. 저는 이곳은 예수님을 진짜 사랑하는 곳이라고 생각했고 주변에서 악평을 하면 억울하게 교주가 오해받고 있는 것이라고 생각하고 넘기게 되었습니다. JMS 신도들의 삶은 너무나 깨끗하고 건전한 것으로 보였습니다. 그래서 이상한 곳이라는 생각은 들지가 않았습니다. 돌이켜보면 참으로 순진했던 것 같

습니다. 저도 모르게 홀리듯 신앙생활에 재미를 붙이고 JMS의 사상에 젖어들게 되면서 이단이라는 생각은 꿈에도 할 수조차 없게 되었으니까요.

저는 JMS에 더 깊이 빠져들수록 예수님과 교주를 더 동일시했습니다. 심지어는 예수님을 넘어서는 위치에까지 교주를 높여버렸습니다. 하지만 이미 저는 그 집단에 대한 비판적인 생각을 할 수 없는 상태로 빠져 있었습니다. 신도들과 함께 교주를 높이고, 사랑하고, 찬양했습니다.

그리고 교주의 말을 따라서 제 삶을 다 바쳐서 구원, 곧 휴거라는 목표 한 가지를 위해서 살아야 한다고 스스로를 채찍질하기 시작했습니다. 그곳에서의 구원은 자신의 삶을 통해서 이루는 것이기 때문에 어떻게 사느냐가 굉장히 중요합니다. 새벽 1시에 일어나서 기도하고, 매년 1명 이상씩 전도하고, TV나 인터넷 등의 미디어를 봐서는 안 되고, 특히 이성과 허락받지 못한 교제는 절대로 하면 안됐습니다. 그 삶은 성취감과 만족감을 주는 동시에 불안과 죄책감을 주었습니다. 어떻게 해도 완벽하게 되는 날이 매우 드물었기 때문입니다. 저는 남에게 무언가를 강요하는 것을 잘 못해서 전도도 한명도 못했습니다. 그건 제게 큰 부담이었습니다. 새벽에는 잠만 잤고, 미디어를 끊는 것도 힘들었습니다. 그런 삶을 살던 중 부모님께서 제가 JMS에 다니게 됐다는 사실을 알게 되었습니다.

부모님은 제게 내색하지 않다가 저를 설득해서 이단상담소에 데려가셨고, 반증을 듣도록 하셨습니다. 이단상담소에 오기 전에 저와 친한 학교 회원들 중 몇 명이 이미 상록교회에서 회심을 한 사례가 있었습니다. 그 때문에 저도 언젠가 이곳에 올 것이라고 예상을 했습니다. 그때 나는 아무리 이단상담소를 가더라도 절대 변하지 않을 것이라고 확신하고 있었기 때문에 빨리 끝내고 나가겠다는 생각뿐이었습니다. 부모님의 설득을 받아들이고 JMS에 대한 반증을 듣기 시작했습니다.

처음에는 반증 내용들이 인정되지 않았습니다. 이미 JMS에서 이단 상담에 대한 반증 교육을 받았고 내가 그동안 믿었던 것들이 전부 아니라고 부정당하는 것이 기분이 좋을리 없었습니다. 하지만 그 와중에도 제 귀에는 어쩔 수 없이 반증 내용들이 들어왔습니다. 그 중에는 저의 JMS 신앙의 근본을 흔드는 내용도 있었습니다. 조금씩 제가 믿었던 것들이 '아니었나'라는 생각이 쌓이기 시작하자 겁이 났지만 그럴수록 진심으로 상담소 강사의 얘기를 들어봐야겠다는 생각도 들었습니다.

처음에는 그곳에서 배운 말씀 외에는 다 싫고, 그 방법이 아니면 하나님을 믿을 수 없다고 생각했지만 구원론을 듣게 되면서 그것이 아니라는 것을 깨닫게 됐습니다. 저는 다른 내용들은 다 그렇다고 쳐도, 구원론을 받아들이기 가장 힘들었습니다. 믿음만으로 이루는 구원이 불공평하다고 생각됐고 도저히 이해할 수가 없었습니다. 하지만 JMS에서 행위로 구원을 이루기 위한 삶을 살다보니 그게 얼마나 불가능한 삶인지, 그리고 그것이 얼마나 처절한 삶인지 실제로 체험했던 저였습니다. 참된 구원론을 통해서 믿음을 통한 구원의 확신의 근본은 신이신 예수님의 피와 살을 내어준 희생에 있다는 것을 배우게 됐습니다. 구원론을 들으면서 제 생각이 정말 땅에 붙어있는 수준이었다는 것을 비로소 깨닫게 됐습니다. 그 수준에서 하나님의 구원의 은혜에 대해서 이해하려 하니 받아들일 수가 없었던 것이었습니다. 그리고 제가 열심히 신앙생활을 한다고 했던 지난 7년간, 사람을 하나님으로 모시고 살았던 것을 깨닫게 되었습니다.

구원이 무엇인지 알게 되면서 저의 남아 있던 고집들도 다 꺾이게 되었고, 다시 예수님을 다른 누구의 얼굴이 아니라 예수님의 얼굴로서 다시 볼 수 있게 되었습니다. 회심하고 진짜 주님 품으로 돌아온 지금, 그들에게 속아 오랜 시간을 그곳에서 보낸 게 너무 억울했고 속은 저 스스로에게도 화가 났습니다. 하지만 한편으로 생각해보면 과연 내가 그 과정이 없었다면 하나님의 은혜를 이토록 절실하게 깨달을 수 있었을까? 하는 생각이 듭니다.

더불어서 신앙생활을 하지 않던 저희 부모님들까지 교회에 다니게 되면서 함께 구원의 은혜를 베풀어 주시며 값을 셀 수 없이 많은 복으로 갚아주시기까지 하셨습니다. 어리석고 교만한 저의 고집을 꺾어 저를 가르치시고 구원해주신 하나님께 정말 감사드립니다. 그리고 제가 이곳에 오기까지 기도해주시고 도와주신 모든 분들께 감사드립니다. 그곳에서 아직도 진짜 구원이 무엇인지 모르고 그렇게 열심히 살고 있을 사람들이 속히 진짜 주님 품으로 돌아오기를 기도합니다.